MÉLANGES D'ART ET D'ARCHÉOLOGIE

Directeur : LÉON PALUSTRE

Ancien directeur de la Société française d'Archéologie et du Bulletin monumental
Membre non résidant du Comité des Travaux historiques et scientifiques

PREMIÈRE ANNÉE

LE
TRÉSOR DE TRÈVES

PAR

LÉON PALUSTRE ET X. BARBIER DE MONTAULT

10 PLANCHES EN PHOTOTYPIE

PAR

P. ALBERT-DUJARDIN

PRIX : 30 FRANCS

PARIS

A. PICARD, LIBRAIRE-ÉDITEUR, RUE BONAPARTE, 82

IL A ÉTÉ TIRÉ DE CET OUVRAGE 500 EXEMPLAIRES,

DONT 50 NUMÉROTÉS SUR PAPIER DU JAPON

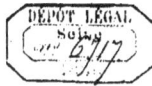

LE

TRÉSOR DE TRÈVES

LE TRÉSOR

DE TRÈVES

PAR

L. PALUSTRE

ANCIEN DIRECTEUR DE LA SOCIÉTÉ FRANÇAISE D'ARCHÉOLOGIE ET DU BULLETIN MONUMENTAL
MEMBRE NON RÉSIDANT DU COMITÉ DES TRAVAUX HISTORIQUES ET SCIENTIFIQUES

ET

X. BARBIER DE MONTAULT

PRÉLAT DE LA MAISON DE SA SAINTETÉ

—◇◇◇◎◇◇◇—

PARIS

A. PICARD, LIBRAIRE-ÉDITEUR

82, RUE BONAPARTE, 82

INTRODUCTION

Le trésor de la cathédrale de Trèves occupe, sinon le premier rang, au moins une place très élevée parmi les anciens trésors d'églises. Il le doit autant, plus peut-être, à la qualité des pièces qui le composent qu'à leur quantité. Connu en partie, il est pour ainsi dire ignoré dans son ensemble.

Ces considérations, d'ordre majeur, nous ont décidé à entreprendre cette publication, dont il importe de faire connaître au lecteur, dès le début, l'esprit et la marche.

Les trésors les plus riches et les plus complets sont incontestablement ceux de Cologne, Limbourg, Aix-la-Chapelle, pour l'Allemagne ; de Milan, Monza, Anagni, Bari, pour l'Italie ; de Lyon, Troyes, Sens, Reims, Nancy, Metz, pour la France. Celui de Trèves ne peut guère leur être comparé, car il se distingue d'eux tous plutôt par ses dissemblances que par ses analogies.

En effet, il ne contient pas de vêtements sacerdotaux, comme on en voit à Anagni et à Sens. Nous n'y avons trouvé, en fait d'étoffes, qu'une doublure d'évangéliaire en *holosericum* oriental et la calotte de saint Siméon, qui date du xiᵉ siècle.

Il ne possède pas de ces grandes châsses, telles que Cologne, Aix et Troyes sont fières d'en montrer. Son orfèvrerie est d'un tout autre genre que celle qui embellit Monza et Bari.

L'absence de vases sacrés est un fait notable, qui tranche avec Nancy et Lyon.

INTRODUCTION

Le trésor de la cathédrale de Trèves occupe, sinon le premier rang, au moins une place très élevée parmi les anciens trésors d'églises. Il le doit autant, plus peut-être, à la qualité des pièces qui le composent qu'à leur quantité. Connu en partie, il est pour ainsi dire ignoré dans son ensemble.

Ces considérations, d'ordre majeur, nous ont décidé à entreprendre cette publication, dont il importe de faire connaître au lecteur, dès le début, l'esprit et la marche.

Les trésors les plus riches et les plus complets sont incontestablement ceux de Cologne, Limbourg, Aix-la-Chapelle, pour l'Allemagne ; de Milan, Monza, Anagni, Bari, pour l'Italie ; de Lyon, Troyes, Sens, Reims, Nancy, Metz, pour la France. Celui de Trèves ne peut guère leur être comparé, car il se distingue d'eux tous plutôt par ses dissemblances que par ses analogies.

En effet, il ne contient pas de vêtements sacerdotaux, comme on en voit à Anagni et à Sens. Nous n'y avons trouvé, en fait d'étoffes, qu'une doublure d'évan-géliaire en *holosericum* oriental et la calotte de saint Siméon, qui date du XIe siècle.

Il ne possède pas de ces grandes châsses, telles que Cologne, Aix et Troyes sont fières d'en montrer. Son orfèvrerie est d'un tout autre genre que celle qui embellit Monza et Bari.

L'absence de vases sacrés est un fait notable, qui tranche avec Nancy et Lyon.

La similitude peut s'établir sur les ivoires et les émaux; encore ces ivoires complètent-ils les séries de Milan, de Monza et de Sens, sans offrir un type absolument·identique et surtout sans que, nulle part, on ne rencontre rien qui approche de la plaque, vraiment merveilleuse, de la scène du transport des saintes reliques.

Des émaux, il y en a certainement partout, de toutes époques et de tous ateliers. L'intérêt que présentent ceux de Trèves provient de leur origine et de leur groupement. Lyon a de l'émaillerie limousine aussi bien qu'Anagni et Bari; mais ici elle s'associe à l'émaillerie rhénane et mosane. Nous croyons même que certaines pièces ont dû être fabriquées à Trèves, qui fut un centre artistique.

A l'émail translucide s'allie le cloisonnage du verre : or ceci constitue un document capital dans l'histoire de l'art, car le fait se produit au x⁰ siècle et, pour avoir un similaire, il faut l'aller chercher à Limbourg, qui précisément en a hérité de Trèves.

Le x⁰ siècle, traité de barbare en tous autres lieux, à Trèves est, au contraire, une période notable de progrès et de rénovation. L'orfèvrerie le démontre péremptoirement, mais surtout la miniature, dont le fini a été porté à un rare degré de perfection. De ce côté, notre publication sera une véritable révélation et le nom de l'archevêque Egbert devra désormais être inscrit parmi les plus méritants. Des produits analogues sont encore à signaler dans les trésors italiens et français.

Les manuscrits, par leur nombre et leur beauté, appellent particulièrement l'attention; ils vont de l'époque carlovingienne à la Renaissance.

La couverture est toujours digne du contenu. D'habiles orfèvres et joailliers ont donné un cachet particulier à ces reliures de prix, où les pierres précieuses jettent leur éclat multicolore. Les évangéliaires de Monza et de Milan sont certainement des œuvres incomparables, mais qui ne font pas oublier ceux de Trèves, nécessaires pour parachever la série chronologique. Ils remontent aux xii⁰ et xiii⁰ siècles, qui furent aussi une époque inspiratrice sur les bords de la Moselle.

Sans doute, parmi les gemmes des trésors, on a remarqué des œuvres de l'antiquité. Mais, sans exagérer, où compterait-on ailleurs autant de camées et d'intailles antiques? Et quels camées! Importants à la fois par le sujet, les dimensions et l'exécution.

Au point de vue de la matière, les objets se répartissent ainsi : orfèvrerie et joaillerie, vingt et un; émaillerie, dix; glyptique, trois; toreutique, sept; calligraphie et peinture des manuscrits, six. Sous le rapport de la destination, nous comptons onze couvertures d'évangéliaires, un autel portatif, un triptyque, une plaque de coffret à reliques, deux croix de procession, deux crosses, quatre reliquaires, dont trois coffrets.

Le trésor de Trèves présente ce caractère propre qu'il n'est pas vulgaire, en ce sens qu'il ne ressemble pas aux autres trésors et qu'il est composé de telle façon qu'il est presque tout entier *sui generis*, c'est-à-dire exceptionnel et original quant à la qualité des pièces.

Ce trésor n'est pas précisément inconnu : il a été visité bien des fois; il a figuré, en partie du moins, à plusieurs expositions, entre autres à celle de Dusseldorf, en 1880; nos revues s'en sont occupées, comme la *Gazette des beaux-arts* et la *Revue de l'art chrétien;* il a été partiellement étudié par des savants de renom, en Allemagne, en France et en Angleterre, comme MM. Kraus, Scheins, Aum's Werth, Darcel, de Linas, Labarte, Didron, Westwood.

Jusqu'à présent, sauf les cinq planches photographiées de l'ouvrage du docteur Scheins, il n'en a été donné que de médiocres ou mauvaises reproductions. Les dessins au trait de Aum's Werth sont détestables et ses chromos ne sont pas des meilleures. Les bois de la *Gazette des beaux-arts* sont bien petits et ceux du *Magasin pittoresque* inexacts.

On peut donc affirmer qu'une monographie du trésor n'existe pas et que ce qui en a été mis au jour est insuffisant pour le faire connaître et apprécier. Notre publication arrive à point.

Obligés de faire un choix, pour rester dans les limites imposées par l'éditeur, nous avons procédé au triage sans parti pris, donnant nos préférences à ce qui est vraiment beau, rare ou inédit. Nous eussions désiré vivement ne rien omettre, c'était impossible ; du moins, nous avons fait la plus large part aux hautes époques.

Voici le relevé des pièces que nous avons dû sacrifier :

1. Boîte à onguent, en forme de tour cylindrique, en os strié (ve siècle).

2. Gaine de bréviaire, en os sculpté et historié (vıᵉ siècle).

· 3. Évangéliaire, remarquable surtout par la miniature des quatre animaux, symboles des évangélistes (vıııᵉ siècle), avec une couverture en cuir gaufré du xvıᵉ siècle.

4. Calotte en laine fauve, tricotée, du reclus saint Siméon (xıᵉ siècle).

5. Évangéliaire du commencement du xııᵉ siècle, avec couverture en orfèvrerie de la fin du xvᵉ.

6. Évangéliaire, à miniatures médiocres (xııᵉ siècle) : couverture en velours, avec appliques de plaques gravées au millésime de 1623.

7. Évangéliaire peint, d'une calligraphie superbe (xııᵉ siècle) : couverture semblable à la précédente, mais postérieure de deux ans.

8. Encensoir symbolique, en cuivre fondu, avec inscriptions explicatives (xııᵉ siècle). Il a été décrit et figuré dans le *Bulletin monumental* et les *Annales archéologiques*, t. IX, p. 357.

9. Chandelier en cuivre fondu et ciselé (xııᵉ siècle).

10. Buste en plomb du pape Honorius III (1216-1227).

11. Croix de procession, en cuivre doré et estampé, avec émaux champlevés de Limoges (xıııᵉ siècle).

12. Coffret à reliques, en émail champlevé de Limoges (xıııᵉ siècle), avec quelques retouches postérieures.

13. Plaque d'évangéliaire, en émail champlevé de Limoges, représentant la crucifixion (xıııᵉ siècle).

14. Crosse, en cuivre doré, en émail champlevé de Limoges, représentant l'Annonciation dans la volute (xıııᵉ siècle).

15. Croix-reliquaire, en cristal de roche monté en vermeil et contenant une épine de la sainte couronne (xıvᵉ siècle).

16. Corne de buffle, montée sur pied de cuivre (xvᵉ siècle).

17. Anneau épiscopal, en or, avec saphir au chaton (xvᵉ siècle).

18. Croix de procession, en cuivre (xvıᵉ siècle).

19. Statuettes de la Vierge et de saint Jean, en argent doré (xvıᵉ siècle).

20. Livre d'heures, de la Renaissance, plein de suaves miniatures.

21. Reliquaire de la vraie croix, en argent repoussé et doré (commencement du xvıı° siècle).

22. Lunette de l'ostensoir, en or massif, rehaussé de onze diamants, xvııı° siècle.

Le trésor de la cathédrale n'est pas unique dans la ville de Trèves. Nous avons donc cru opportun et avantageux de grouper autour de lui les objets qui sont de nature à le compléter.

L'église Saint-Mathias nous a fourni le splendide reliquaire de la vraie croix, chef-d'œuvre admirable du xııı° siècle. A regret, nous avons omis la ceinture de saint Oswald (vıı° siècle), quatre fragments filigranés et gemmés pour bandeaux de châsse (fin du xıı° siècle), deux *pitacium* de reliques (xııı° siècle), un tableau en orfèvrerie de la crucifixion (xıv° siècle), trois boîtes de consécration d'autels en plomb (xvı° siècle); une chasuble brodée et historiée (xvı° siècle), un calice en cuivre doré (xvı° siècle); une chasuble et deux dalmatiques brodées de fleurs (xvıı° siècle); des cartons d'autel manuscrits, à cadres d'argent (1772).

Nous eussions aimé à faire connaître le bel ostensoir de Saint-Paulin (xvııı° siècle). Ici une mention seule est possible, comme pour le mobilier de Saint-Gengoulf, qui comporte : une cuve baptismale en bronze, avec les noms des fondeurs (xıı° siècle); cinq boules de senteur, en argent doré (xııı° siècle); une boîte à *Agnus*, en émail translucide (xıv° siècle); un bassin armorié (fin du xıv° siècle); une monstrance pyramidale, de style flamboyant (xv° siècle); un calice d'argent doré, avec sa patène (1483); un bénitier en bronze, avec inscription pieuse (xv° siècle); un médaillon sculpté en nacre et représentant la Résurrection (commencement du xvı° siècle); deux émaux peints de Limoges (xvı° siècle); une coupe d'ablution, en noix de coco, montée en cuivre doré (xvı° siècle); un ostensoir (fin, du xvıı° siècle), plusieurs médaillons en verre églomisé (xvıı° siècle).

A la bibliothèque de la ville, nous avons fait choix de deux miniatures du x° siècle et de la couverture du *Liber aureus*, laissant avec tristesse l'évangéliaire d'Egbert, récemment édité avec planches par le docteur Kraus et la couverture, en cuivre historié et gravé à l'effigie des bienfaiteurs de l'abbaye, du cartulaire de Prum (xıı° siècle).

Malgré ces additions, qui comportent huit planches, c'est encore le trésor de la cathédrale à qui reviennent tous les honneurs, comme à l'aîné et au plus digne.

Nous avons lu, avant de rédiger nos notes, tout ce qui a été écrit sur la matière. C'était un devoir de probité littéraire. Mais, il faut bien le dire, les descriptions ne sont pas toujours exactes, pas plus que les attributions. Notre rôle a donc été en particulier, après avoir montré chaque objet, de rechercher sa provenance, le lieu et le procédé d'exécution, la patrie et l'atelier de l'artiste, la date précise, les caractères qui le distinguent, de façon à pouvoir lui assigner une place à part ou tout au moins le classer parmi ses congénères et contemporains. En cas de désaccord avec nos devanciers, nous avons loyalement écouté et pesé leurs raisons, en sorte que notre appréciation est toujours le résultat d'une enquête sérieuse et impartiale.

La description a été faite, moins pour renseigner les archéologues qui savent voir, que pour apprendre aux personnes studieuses, mais novices, la méthode d'observation et d'investigation. Même corroborée de remarques topiques, elle eût été sèche et aride, si nous n'avions appelé la liturgie et le symbolisme à notre aide pour la vivifier. Grâce à ces deux sciences, on pourra pénétrer la pensée intime de l'artiste et saisir la destination de l'objet, surtout quand, c'est le cas trop souvent, il a cessé d'être en usage.

L'art décoratif tient, depuis plusieurs années, une place considérable dans les préoccupations des érudits, des artistes et des éditeurs. Nous n'avions qu'à suivre la voie tracée pour répondre aux besoins actuels. Nos planches offriront une collection de types variés, sinon tous à reproduire fidèlement, du moins à consulter à titre de documents. Il y a là d'excellents modèles, en dehors de la banalité et de la routine, pour châsses, coffrets, reliquaires, livres liturgiques, baisers de paix, portes de tabernacles, peintures s ur mur et sur verre, etc. Ce sera le côté pratique de notre œuvre qui, nous l'espérons, contribuera au progrès de la science archéologique.

Un mot, en terminant, sur la salle du trésor, afin de montrer les objets pour ainsi dire en place. On y accède en passant derrière le maître-autel et gravissant le double escalier qui conduit à la plate-forme où se fait l'ostension de la sainte robe. Là on traverse le décor un peu théâtral destiné à former la niche de l'exposition et l'on se trouve en présence d'une double porte ferrée.

Le trésor forme un bâtiment à part, soudé à l'abside orientale. De vastes proportions, en manière de rotonde voûtée, bien éclairée par huit grandes fenêtres grillées, quatre hautes et quatre basses, la salle date du siècle dernier. On lit au-dessus de la porte d'entrée ce millésime ainsi écrit : 17LC, soit dix-huit cents moins cinquante, ce qui fait 1750. Toute l'ornementation est en stuc et dans le goût du temps, avec force feuillages et rinceaux. Au sommet de la voûte apparaît le Père éternel, une étole croisée sur la poitrine, chapé, sortant des nuages, le globe et le sceptre en main et bénissant à trois doigts : il est entouré d'un groupe d'anges tenant les instruments de la Passion. Au fond, dans une abside, se dresse un autel consacré et sur les côtés sont disposées des armoires vitrées, trop spacieuses maintenant pour ce qui leur reste à contenir. En effet, le trésor, à l'époque de la Révolution, a subi des pertes notables. Une partie avait été cachée, l'autre exportée. Celle qui émigra à Limbourg n'est pas revenue : le fait est d'autant plus regrettable que le trésor est privé de deux pièces capitales, un tableau byzantin de la vraie croix et le bâton de saint Pierre. Les chanoines de Trèves ont introduit une instance auprès du Saint-Siège pour revendiquer leurs droits. Le grand ivoire du v⁰ siècle n'est rentré qu'après avoir voyagé à Coblentz et en Russie.

Outre les objets d'art et d'archéologie, le trésor possède de nombreuses reliques, enfermées dans des boîtes et que l'ordinaire devra un jour visiter canoniquement pour leur rendre le culte dont elles sont depuis si longtemps dépourvues, malgré leur authenticité.

Le trésor est peu visité, car il faut pour y être admis une autorisation spéciale de M. le Prévôt du chapitre, qui ne l'accorde qu'à bon escient. Nous n'avons eu qu'à nous féliciter de sa courtoisie. Grâce à sa bienveillance, que nous avons sollicitée jusqu'à trois fois, nous avons pu jouir de la vue du trésor pendant plusieurs jours consécutifs, lesquels ont été soigneusement employés à prendre tout ensemble des photographies et des notes.

Nous serions ingrats si nous n'ajoutions pas ici l'expression de notre gratitude envers tous ceux qui, s'intéressant à nos travaux, en ont facilité la réalisation par leur complaisance. Mgr Korum ne s'est pas contenté de nous recommander : il a mis à notre disposition son secrétaire et nous devons à son initiative d'avoir été parfaitement accueillis par Messieurs les vicaires de Saint-Mathias, de Saint-Paulin et de Saint-Gengoulf. Enfin, à la bibliothèque de la ville, nous avons eu la chance de rencontrer le plus sympathique des érudits, M. le professeur Keuffer. C'est grâce à son obligeance que certaines formalités ont pu être abrégées, que la plus grande facilité nous a été accordée pour voir et étudier les précieux trésors confiés à sa garde.

I

IVOIRE LATIN

Largeur : 0, 26 ; hauteur : 0, 14.

CATHÉDRALE. — Ve SIÈCLE

L'ivoire de Trèves est célèbre dans le monde savant : aussi a-t-il été plusieurs fois reproduit et commenté. Sa facture large, non moins que le sujet représenté, lui donne un intérêt exceptionnel. Sans nous arrêter outre mesure à ce qui en a été écrit, même par les archéologues les plus graves, nous exposerons notre propre sentiment en le motivant.

De la première question dépend la solution du problème. L'ivoire est-il latin ou byzantin ? A notre avis, l'architecture et la taille en fort relief sont essentiellement d'art occidental : les costumes impériaux pourraient seuls prêter à l'équivoque. L'artiste avait un talent incontestable, d'ordre supérieur, ce qui prouve qu'il avait sous les yeux les bons modèles de l'antiquité, dont il s'inspirait autant que possible, tout en ne parvenant pas à hausser ses personnages et ses chevaux sur des jambes suffisantes.

La présence de l'ivoire dans le trésor de Trèves fait naître, dès l'abord, une grave présomption en faveur d'une origine toute latine. Autrement, quelle signification propre aurait-il en ce lieu ? On doit présumer, jusqu'à preuve contraire, qu'il figure un fait important, capital, de l'histoire locale. S'il n'en est pas ainsi, ce n'est qu'une épave rapportée de Constantinople, à qui l'on s'efforce de le rattacher d'une façon quelconque, tandis qu'il est tout naturel d'y voir, d'après la chronique publiée par Brower et Pertz, une translation de reliques, faite à Trèves sous les auspices de l'empereur Constantin, à la demande de sainte Hélène. L'ivoire aurait même fait partie d'un coffret destiné à renfermer plusieurs de ces reliques, comme le saint Clou.

Dans cet ordre d'idées, tout s'explique logiquement. Une basilique vient d'être construite par l'impératrice dans sa ville natale. L'identité de sainte Hélène n'est pas discutable, puisqu'elle tient à la main la croix du Sauveur, qu'elle a elle-même découverte par les fouilles opérées sur le Calvaire. Elle a fait bâtir une basilique et elle désire l'enrichir de reliques. Son fils lui a envoyé le pieux trésor qu'elle sollicitait. Elle va l'installer, à la joie du peuple, qui accourt de toutes parts pour témoigner sa foi et s'associer au cortège triomphal. Les reliques sont portées sur un char, ce qui atteste qu'elles viennent de loin : ce mode n'eût pas été usité pour les transférer d'un lieu dans un autre en la même ville; un brancard eût suffi.

Le cortège sort d'une tour carrée, porte de ville ou façade d'église, qui abrite un buste du Sauveur. La forme en tour, l'élévation de l'édifice, l'effigie qui y est sculptée, donnent son nom au monument, qui ne peut être autre que le Saint-Sépulcre, édifié aux frais et par les soins de sainte Hélène. C'est de là que viennent les reliques envoyées et, selon toute probabilité, elles doivent en conséquence se référer plus spécialement à la Passion.

Le char à quatre roues est traîné par deux chevaux : sur le siège sont assis deux évêques, tête nue, barbus, d'âge avancé, vêtus de la chasuble et du pallium. En avant se tient le conducteur. Le décor du char indique que c'est celui même de l'empereur. Les reliques sont contenues dans un coffret, que les évêques soutiennent à deux mains.

Devant le char marchent l'empereur et sa cour, tous une torche dans la droite; le cierge est gros et court, car la procession a dû être longue. Constantin porte en tête une couronne; sa tunique est recouverte d'une chlamyde, agrafée sur l'épaule droite.

L'impératrice, debout à l'entrée de la basilique, tend la droite ouverte pour accueillir l'offrande; de la gauche, elle porte une grande croix plate qu'elle appuie sur son épaule.

La basilique est à trois nefs, couvertes en tuiles : trois ouvriers mettent la dernière main à la toiture; un quatrième s'arrête, sur le bas-côté, pour contempler la scène qui se passe.

Les spectateurs sont groupés sur deux rangs derrière le cortège officiel, sur la voie même; mais il en est d'autres qui apparaissent entre les arcades du rez-de-chaussée, la galerie du premier étage et jusque sur le toit. Entre deux corniches s'alignent des colonnettes, avec fenêtres rectangulaires et allèges où s'appuient les fidèles qui balancent, la tête dans la main gauche, un encensoir sans couvercle et à trois chaînes.

Le Trésor de Trèves.

PL. I.

IVOIRE LATIN
Vᵉ Siècle

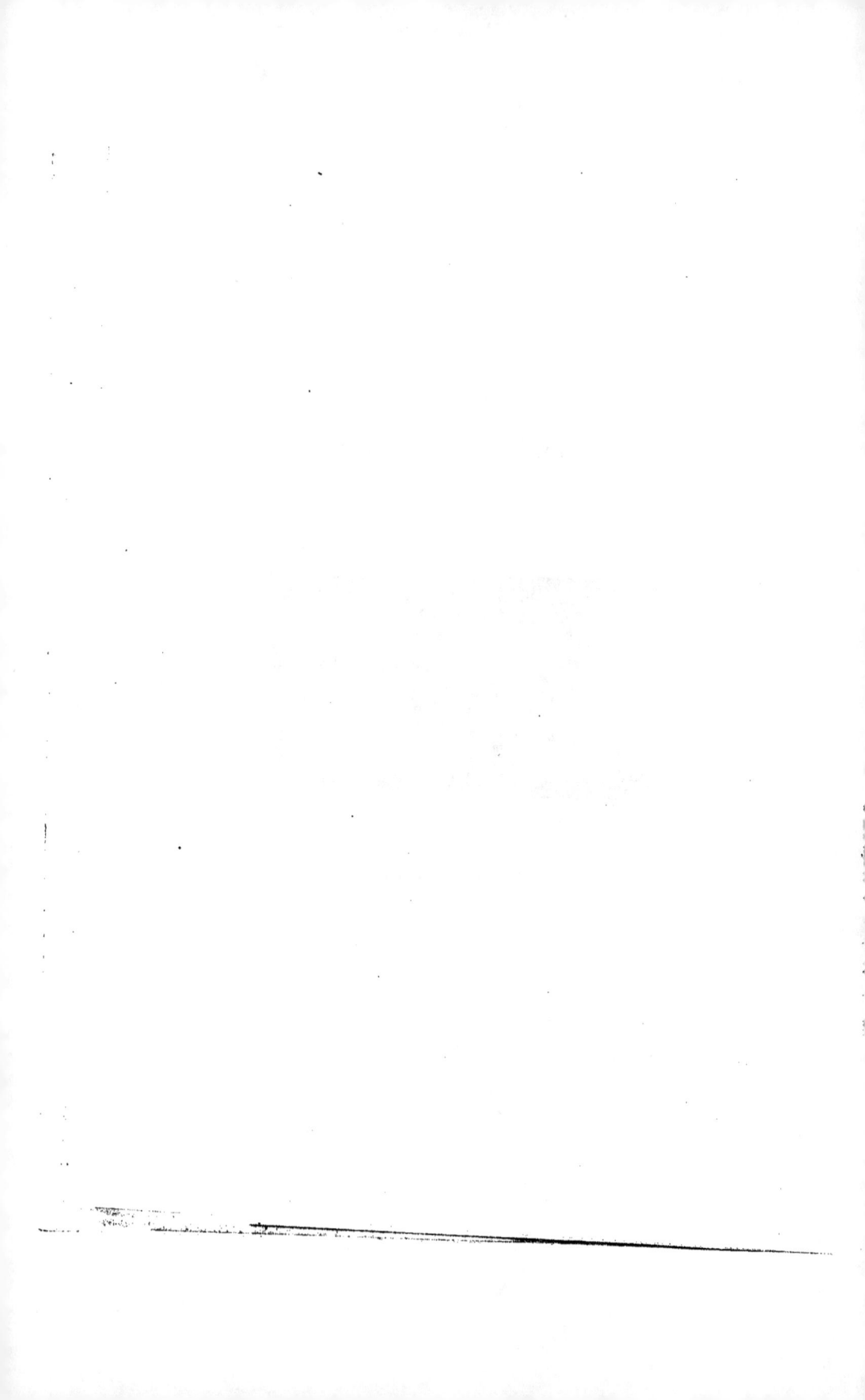

ÉTUI DU SAINT CLOU

Longueur : 0, 20 ; hauteur de la tête : 0, 05 ; largeur de la tête : 0, 05.

CATHÉDRALE. — Xᵉ SIÈCLE

Le saint Clou est en fer forgé, à quatre pans inégaux. La tige va en diminuant graduellement jusqu'à la pointe qui est mousse. L'extrémité en est légèrement fendue, ce qui témoigne que le clou n'étant pas suffisamment aiguisé, pénétra difficilement dans le bois et par suite éclata. La tête, aussi épannelée, s'élargit notablement à l'endroit où elle rejoint la tige et très peu au sommet : ses côtés sont courbes. Ses dimensions sont : 0, 17 de hauteur, dont 0, 04 pour la tête seule, qui, à sa base, mesure 0, 02.

Nous n'avons point de doute à émettre sur son authenticité, car il a l'aspect d'un clou romain : au musée même de Trèves, nous lui avons trouvé un similaire.

Nous présenterons toutefois une observation sur l'emploi même de ce clou. Il paraît, en le comparant à celui de Sainte-Croix-de-Jérusalem, à Rome, difficile d'admettre qu'il ait pu percer les pieds ou les mains du Sauveur. Ses dimensions robustes s'y opposent : il eût brutalement, écrasé les os et déchiré les chairs. Son rôle, infiniment plus probable, parce qu'il est plus en rapport avec sa configuration, dut être d'assembler les pièces de bois qui formaient la croix.

L'étui qui renferme le saint Clou est en or, rehaussé d'émail et de verroterie, cloisonnés. Il épouse si bien la forme de la relique, suivant la pratique ordinaire du moyen âge, qu'il en indique par ses lignes principales la nature et l'aspect.

La tête mobile adhère à la tige par une double charnière, formée de deux anneaux dans lesquels passe une aiguille. Elle a ses quatre pans évasés accusés par un fil perlé. Les grandes faces sont agrémentées de feuilles, contournées du même fil d'or et sertissant au rabattu des tables de grenat ou de verre bleu : un cabochon cassé saillit au centre, au-dessous d'une alvéole allongée et actuellement vide de son camée peut-être. Sur les petits côtés, les cabochons sont encadrés de la même façon que sur les arêtes de la tige. Le dessous du couvercle est orné comme l'étui tout entier et au nombre des gemmes se voit une intaille antique en cornaline, figurant un homme nu et assis qui tient une verge.

Les pierres, ici comme plus bas, sont de toute forme et de toute nature, souvent baroques : saphirs (quelques-uns clairs), plasmes d'émeraude, rubis balais et parmi eux un gentil petit camée, à fond rose, sur lequel galoppe un cheval blanc.

La tige est aussi à quatre pans, avec chanfreins sur les angles. Ces chanfreins, cernés par un fil perlé, offrent une succession de losanges réunis par deux grains plats. Pour rompre la monotonie d'une surface trop développée, l'artiste l'a coupée en trois zones, dont une pierre précieuse opère la jonction.

Les plaques émaillées n'ont que cinq nuances : blanc laiteux, bleu azur opaque, bleu translucide, bleu pâle, vert translucide. A la première zone, cinq croix à branches égales sont superposées, une blanche entre quatre bleues, ou trois quatrefeuilles bleus; à la seconde, des fleurs crucifères à cœur blanc et pétales bleus ou cœur bleu et pétales blancs, ou un treillissé bleu pointé de blanc; à la troisième, sur un fond vert, un élégant courant de lierre, à feuilles bleu clair, ou deux demi-fleurs de lis opposées, à tige blanche et ailes bleues.

Une perle, dans une boîte trop grande, ce qui dénote une retouche maladroite, termine la pointe.

L'étui du saint Clou est assurément le chef-d'œuvre du trésor. Il a une très grande valeur artistique et archéologique, qui lui assigne une place à côté des émaux de la couronne de fer de Monza et du paliotto de Milan, dont il continue la tradition, environ un siècle plus tard. Nous n'hésitons pas, malgré ce rapprochement, à le qualifier d'ouvrage allemand et à lui attribuer la même origine que l'étui du bâton de saint Pierre (maintenant à Limbourg), daté de l'an 980 et l'autel portatif, c'est-à-dire que les trois objets ont été commandés par l'archevêque Egbert (975-993) et sortent du même atelier. La similitude des procédés, plus peut-être que l'ornementation, variable de sa nature, autorise cette affirmation.

Le Trésor de Trèves.

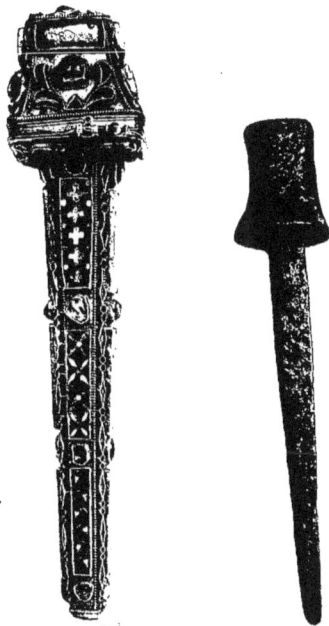

.PL. II.

Le saint Clou et son etui
Xᵉ Siècle.

AUTEL PORTATIF

(FACE ANTÉRIEURE)

Hauteur totale : o, 33 ; haut. du coffre : o, 14 ; largeur : o, 45.

CATHÉDRALE. — Xᵉ SIÈCLE

Cet autel est la pièce capitale du trésor. Sa destination et sa date sont déterminées d'une manière précise par l'inscription niellée qui se développe autour du couvercle plat, entre deux rangs d'entrelacs.

+ HOC SACRVM RELIQVIARVM CONDITORIVM EGBERTVS ARCHIE
P̄S FIERI IVSSIT. ET IN EO PIGNORA SC̄A (serva.)
RI CONSTITVIT. CLAWM VIDELICET DÑI E (crvce)
(sc̄i) PETRI DE BARBA IPSIVS. ET DE CATENA. SANDALIVM SC̄I
ANDREAE APOSTOLI. ALIASQ : SCORVM RELIQVIAS. QVAE SI QVI
S. AB HAC AECLESIA ABSTVLERIT. ANATHEMA SIT

Ce reliquaire, car c'en est un, contient encore plusieurs reliques : deux anneaux, en fer forgé, d'une longeur totale de o, 14, ouverts par un bout et qu ont appartenu à la chaîne de la captivité de saint Pierre ; plus deux morceaux du bois de sa croix ; de saint André, la moitié d'un fémur et la sandale du pied gauche. Cette sandale est en cuir épais, doublé, à l'intérieur, d'une peau plus mince, longue de o, 27, large de o, 10, gardant parfaitement l'empreinte des doigts, piquée tout autour du talon, ainsi qu'à la pointe où le fil a formé en double ligne une espèce de cœur : le travail paraît oriental et du haut moyen âge.

Que cette boîte ait servi d'autel portatif, une autre inscription l'affirme :

HOC ALTARE CONSECRATV̄ EST IN HONORE SC̄I ANDREAE AP̄L.

La sandale a donc été considérée comme la relique principale et a motivé la dédicace en l'honneur de saint André. On connaît nombre de boîtes analogues qui ont été utilisées comme autels portatifs; mais alors le couvercle était en marbre, car la pierre seule est susceptible de consécration, d'après l'ordonnance du pape saint Sylvestre. Ici le consécrateur s'est contenté d'une plaque de verre polychrome, d'origine phénicienne, estimée comme pierre précieuse : c'est autour d'elle, en conséquence, que la seconde inscription a été gravée, car c'est elle qui constitue l'autel, à proprement parler. Cette plaque est de très petite dimension, d'abord parce qu'il est rare d'en rencontrer de grands morceaux, puis parce que l'espace à occuper était très restreint, par suite du pied qui saillit sur le couvercle.

L'âme de la boîte est tout entière en bois recouvert de métal. Le couvercle plat glisse dans une coulisse et se ferme à l'aide d'un bouton. Le pied, qui en occupe le milieu, en suivant les grands côtés, a été motivé par la sandale de saint André. Il est également en bois, recouvert d'une feuille d'or. Quatre ligatures, filigranées et gemmées (une perle alternant avec une gemme) représentent, à la façon antique, les courroies de la chaussure qui n'a pas été figurée par l'artiste. A la partie supérieure, une pierre a disparu et l'on n'en voit plus que l'alvéole, formée d'une arcature en filigrane. Le pied mesure 0, 26 de longueur sur 0, 10 de hauteur.

Les grands côtés du coffre se ressemblent : un bandeau, où l'émail succède aux gemmes sur champ filigrané, en épouse la forme, puis revient verticalement, avec la même ornementation, dessiner trois compartiments plaqués d'ivoire. Dans le panneau central, se dresse un lion posé : ce sont des pièces de rapport, en relief et dont la signification échappe, car elles ont remplacé, au xiᵉ siècle, probablement le Christ et la Vierge mère. Dans les deux autres, sur des plaques carrées, des émaux cloisonnés opposent l'aigle de saint Jean à l'homme de saint Mathieu, le lion de saint Marc au bœuf de saint Luc. Signalons une faute iconographique qui se renouvelle sur un des petits côtés, le bœuf primant le lion, ce qui est illogique et anormal. Les quatre animaux, comme le veut la tradition, sont nimbés, ailés et armés de leur Évangile.

Aux quatre angles de chaque panneau, un petit émail cloisonné, monté à la façon des gemmes, exhibe une fleurette.

LE TRÉSOR DE TRÈVES.

PL. III.

AUTEL PORTATIF
X.e Siècle.

AUTEL PORTATIF

(PETIT COTÉ POSTÉRIEUR)

Les petits côtés ont particulièrement attiré l'attention des archéologues. En tête, voici une plaque d'or, percée à jour et simulant une série d'arcades sur quatre rangs ou plutôt des imbrications, dont les contours sont accusés par des perles enfilées, serrées dans une alvéole étroite. On y remarque un lion ravissant ou rampant, une oie, un lièvre, un chevreau bondissant, un cerf, un sanglier dans une forêt exprimée par un arbre, deux oiseaux affrontés et perchés sur les branches d'un arbre qui les sépare, deux chèvres grimpant contre un arbre au-dessus duquel passe un léopard; mais surtout les quatre animaux, disposés en haut et en bas dans cet ordre : l'homme en face de l'aigle, le bœuf vis-à-vis le lion, tous nimbés, ailés et tenant leur évangile. Ce bestiaire se meut sur un fond de grenat en table.

Les quatre animaux symboliques n'auraient guère leur raison d'être en pareille compagnie, à moins que ce ne soit pour constater leur supériorité sur le reste de la création, si le médaillon central n'indiquait le point vers lequel ils convergent, car ils sont opposés deux à deux, comme dans toutes les représentations où le Christ les délègue pour instruire la terre. Ce médaillon est enlacé d'un chapelet de perles enfilées qui alternent avec des anneaux d'or et, en quatre endroits, sont coupées par une pierre précieuse, taillée en carré. Il est formé d'un disque, qui pourrait être un fermail mérovingien, à grenats cloisonnés sur trois rangs concentriques, deux en caissons, celui du milieu en quatrefeuilles.

Au centre est sertie une pièce d'or, à l'effigie de Justinien, ainsi désigné par l'exergue : D N IVSTINIANVS P F AVG (*Dominus Noster Justinianus, Pius, Felix, Augustus*). L'*aureus* ne daterait que le fermail, qui remonterait de la sorte à la seconde moitié du vi^e siècle.

L'important est qu'il tient ici lieu du Christ, roi des rois, adaptation que les quatre animaux font soupçonner, mais que les cas similaires de la Sainte-Chapelle et de Saint-Nicolas-de-Port, pour des camées antiques, rendent absolument certaine.

La bordure alterne les bandes émaillées avec les bandes filigranées et gemmées.

Les pierres, très nombreuses, sont des saphirs, des topazes, des plasmes d'émeraude, des rubis : plusieurs sont percées, ce qui indique qu'elles furent, à l'origine, traversées par un fil de métal pour être portées en collier ; le rubis est plus rare et quelques saphirs sont en plâse ; le plasme est taillé à pans. Quant aux perles, elles sont généralement enfilées et très peu sont serties en bâte : si elles sont trop petites, on en met deux pour équivaloir à une. Ces pierres, cabochons convexes, sont rondes, longues ou baroques. La monture, au rabattu, est une bâte filigranée sur sa tranche ou au pourtour de l'alvéole. Quelques-unes, par leurs griffes, attestent une restauration qui dut s'opérer au xiv° siècle.

Sept pierres sont des intailles antiques : un roi debout, couronne radiée ; Mercure marchant à droite ; homme et femme assis conversant ; bouquet de fleurs dans un vase ; Amour bandant son arc ; chamois accroupi ; berger assis, un chien à ses pieds, considérant une chèvre qui broute un arbuste.

Parfois à la pierre est substituée une petite perle, autour de laquelle rayonnent en croix quatre feuilles cordiformes où un cordonnet de fil tordu enserre des tables de grenat.

L'émail, fin dans son exécution et varié dans ses motifs, présente six nuances : vert pré, bleu azur, bleu turquoise, jaune, blanc laiteux, café. Deux seulement sont translucides, la première et la seconde ; toutes les autres sont opaques. Dans les bandeaux, le bleu est opposé au blanc et, quand la figure est en écartelé, le bleu opaque alterne avec le translucide. Ces émaux sont en or, cloisonnés à l'intérieur et champlevés à l'extérieur : les deux procédés ont donc été réunis ensemble. L'ornementation, d'un dessin un peu raide, consiste en feuillages de fantaisie ; en deux endroits on remarque un chevreuil courant au milieu de rinceaux ou debout entre deux croisettes. Quelques émaux ont été remplacés au xiv° siècle.

Le Trésor de Trèves.

PL. IV.

AUTEL PORTATIF — PETIT COTÉ

X.ᵉ Siècle.

V

AUTEL PORTATIF

(FACE POSTÉRIEURE ET PETIT COTÉ DE DEVANT)

A la face du bout du pied, la bordure est la même qu'à l'autre petit côté : elle encadre un champ, filigrané, gemmé et coupé en double croix de Saint-André par des perles enfilées, avec anneaux de séparation. Au milieu saillit un autre fermail, d'aspect mérovingien, à contour cloisonné, serré à la base par un chapelet de perles.

L'autel, dans son état actuel, présenterait quatre époques distinctes : deux bijoux réputés mérovingiens et rapportés comme ornement; un coffret, entièrement du xe siècle ; un remontage au xie et une réparation très minime au xive siècle.

On pourrait même retrancher l'ère mérovingienne, ce qui ne serait pas invraisemblable, quoique hardi. En effet, si Egbert a associé le verre à l'émail sur l'étui du saint Clou, où l'on ne constate pas deux époques différentes, pourquoi ferait-on cette distinction sur l'autel portatif, qui, avec le même fondement, reviendrait à lui seul dans son ensemble ? L'archevêque, au lieu de se servir d'un bijou antérieurement fabriqué, l'aurait fait à nouveau à l'instar des œuvres mérovingiennes, continuant ainsi ou reprenant une tradition d'atelier ailleurs abandonnée. L'*aureus*, employé à titre d'objet précieux, n'aurait pas plus qualité pour dater le cloisonnage que les camées que nous rencontrerons à la bibliothèque et à Saint-Mathias. Cette explication nouvelle est rendue tout à fait plausible par un texte emprunté à la correspondance même d'Egbert. Gerbert, archevêque de Reims, lui écrit : « Exiguam materiam nostram magnum et celebre ingenium vestrum nobilitabit, cum adjunctione vitri, tum compositione artificis elegantis. » De cette adjonction du verre résultera, grâce au génie de l'archevêque et à l'habileté de l'artiste, une forme admirable, qui réjouira à la fois l'esprit et le regard : « Admira-

2

bilem formam, quæ mentem et oculos pascat. » (Migne, *Patrolog.*, t. 137, col. 514, *epist.* CIV.)

Une autre fois, il lui demande une croix travaillée par sa science et qui produise une œuvre agréable aux yeux: « Crucem vestra scientia, ut speramus, elaboratam, si fieri potest, kalendas novembris dirigite,... opus placens » *(Ibid.,* t. 139, col. 229, epist. CVI) ; puis il le remercie de cette croix, ouvrage admirable, fait pour le plaisir des yeux : « Sentiunt et illi qui admirabile opus crucis a vobis nostro nomini elaboratæ non sine magna oblectatione conspiciunt. » *(Ibid.,* col. 232, *epist.* CXXVI.)

Egbert, qui s'était mis à la tête du mouvement artistique, avait donc sous la main, à Trèves même, un atelier qu'il dirigeait par sa *science* et éclairait de son *génie*, et d'où sortirent des œuvres inappréciables d'orfèvrerie et de peinture sur vélin, qui subsistent encore.

Or, comme le dit son contemporain et ami, le verre appliqué au métal rend celui-ci plus noble et plus agréable à la vue. Ne serait-il pas réellement téméraire de traduire *vitri* par *émail*, quand on a déjà le mot *smaltum* dans le *Liber pontificalis?* Le verre coloré frappant Gerbert plus que l'émail, ne laisse-t-il pas ainsi entendre que le procédé du cloisonnage venait d'être rajeuni avec éclat à Trèves ?

Nous descendons à l'époque romane les lions en relief, plaqués sur les grands côtés et ceux qui, accroupis, mordent des anneaux et exhaussent le coffre à l'aide de balustres trapus, grossièrement modelés, fondus en cuivre et ajustés. Les anneaux ont pu servir à fixer l'autel à l'aide de courroies, soit sur une table pour le saint sacrifice, soit sur un brancard pour une procession où l'on tenait à faire montre des reliques.

Ce charmant joyau plaît singulièrement à l'œil par l'harmonie des teintes polychromées, unies à l'or et à l'ivoire. Cette substance a joué un certain rôle dans l'orfèvrerie allemande, témoins les couvertures d'évangéliaires de Trèves et d'Aix-la-Chapelle : c'est ici, pour le moyen âge, le spécimen le plus ancien de ce genre de travail. Le filigrane, souple et ténu, lutte avec les minces cloisons de l'émail. La matière vitreuse, comme à Monza pour la couronne de fer et à Milan, pour le paliotto de Saint-Ambroise, plus vieux d'un siècle, est translucide, procédé qui se retrouve, au XIᵉ siècle, sur le bel évangéliaire d'Héribert, au dôme de Milan. L'Allemagne marche donc presque de pair avec l'Italie, car c'est de ses ateliers, non d'ailleurs, que sort l'autel portatif.

LE TRÉSOR DE TRÈVES.

PL. V.

AUTEL PORTATIF _ FACE POSTÉRIEURE
Xᵉ Siècle

IVOIRE BYZANTIN

Hauteur : 0,18; largeur, 0,12.

CATHÉDRALE. — Xᵉ SIÈCLE

Evangéliaire ou *texte* est le nom donné par les anciens inventaires au livre qui sert au diacre, à la messe solennelle, pour le chant de l'évangile.

La couverture, richement ornementée, attestait, aux yeux de tous, le respect que l'on avait pour la parole sainte. Elle formait aussi un décor pour l'autel où les deux textes, épistolier et évangéliaire, étaient placés en regard pendant toute la durée de la fonction.

Le sujet adopté pour le plat supérieur était ordinairement emprunté à l'Evangile lui-même, dont il traduisait graphiquement et sommairement le contenu. Le plus souvent le motif iconographique était la crucifixion, qui résume l'enseignement des saints livres. On y avait songé de bonne heure, car, après la lecture de l'évangile, le texte était présenté aux membres du clergé qui le baisaient dévotement et c'était sur lui encore que se faisait la prestation du serment dans les circonstances requises.

Le contenu fut soumis à deux phases distinctes. Tout d'abord, on adopta les quatre évangiles dans l'ordre établi, avec une table de renvoi pour la lecture propre à chaque dimanche et fête. Au xiiiᵉ siècle, époque de ce manuscrit, on renonça à ce mode peu pratique et incommode, préférant attribuer à chaque office l'évangile qui lui revenait.

La couverture a été refaite en partie au début du xviᵉ siècle. La matière est aussi vulgaire que le décor, car on a employé exclusivement du cuivre argenté. De larges feuilles, maladroitement agencées, alternent avec des cabochons de cristal à nervure : parmi eux est une aigue-marine. La bâte, à dents arrondies, se rattache aux angles de la plaque par quatre feuilles, bombées et dorées, qui ont la prétention d'imiter des pampres.

Tout l'intérêt se concentre sur l'ivoire byzantin, du xᵉ siècle environ, que cette bordure insignifiante encadre et qui représente la scène de l'Annonciation d'une manière fort remarquable.

La plaque est coupée en deux et fixée par des vis modernes, qui ont dû remplacer des clous. Une arcade en plein cintre, avec petite fenêtre allongée et cintrée dans l'écoinçon extérieur, abrite chacun des deux personnages : elle indique une maison, car la scène se passe dans un intérieur. L'arc est tapissé de fleurons cruciformes, et retombe des deux côtés, sur une colonne élancée, dont la base et le chapiteau, de même aspect, sont décorés d'un double feuillage. L'ange, sculpté de profil, est dans l'arcade de gauche, relativement au spectateur. Ses pieds nus, attestant son rôle de messager, posent sur un sol en pente. Il est vêtu d'une tunique et d'un manteau, élégamment drapés. Sa tête virile est entourée d'un nimbe. Une de ses deux ailes est abaissée, parce qu'il est momentanément au repos ; l'autre, relevée, le montre prêt à reprendre son vol vers les cieux, sa mission achevée. De la main droite, il fait le geste de l'allocution, qui consiste dans l'abaissement des deux derniers doigts et l'allongement des trois autres. Sa main gauche tient une verge courte, insigne de sa délégation. Près de lui est une corbeille, qui contient trois pelotes de laine, car, lors de son arrivée à Nazareth, Marie était occupée à filer. A son approche, elle s'est levée pour le recevoir, mais elle a encore à la main son fuseau, tandis que sa main droite exprime la surprise.

Ses pieds sont chaussés, comme le prescrit l'iconographie grecque et latine. Elle se tient debout sur un escabeau, adhérent à son siège en bois tourné, avec boule au sommet des montants : un coussin allongé s'étend à la partie supérieure. Le costume comporte un vêtement de dessous à manches serrées, une robe à manches larges, un manteau relevé sur les bras à la façon des anciennes chasubles, et un voile ou *omophorion* replié autour du cou comme une guimpe. Elle baisse modestement les yeux et sa figure s'illumine du nimbe circulaire de la sainteté.

Les deux personnages sont de grande taille. La Vierge, étroite et serrée dans sa robe, mesure sept têtes en longueur. Elle se tient raide, dans un sentiment peut-être un peu exagéré de dignité ; l'archange, au contraire, s'incline respectueusement. Cette attitude de contraste dénote un artiste parfaitement sûr de sa main, et cherchant à rendre le sentiment qui pour lui résulte de la diversité des situations.

Le Trésor de Trèves.

PL. VI.

IVOIRE BYZANTIN
Xᵉ Siècle.

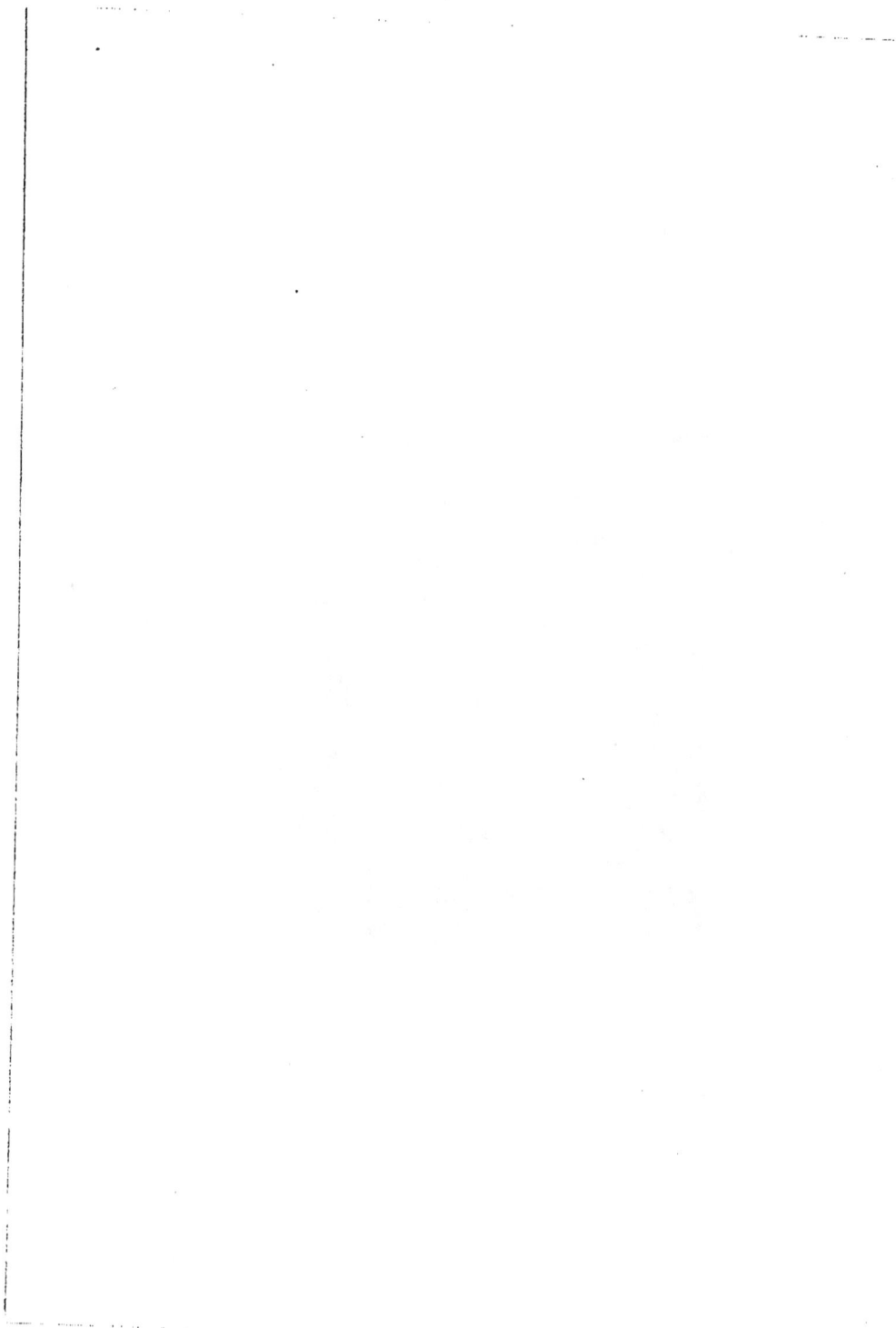

VII

IVOIRE ROMAN

Hauteur : o, 10 ; largeur : o, 07.

CATHÉDRALE. — XIᵉ SIÈCLE

Le texte des prophéties de l'Ancien Testament, que l'on dit avoir été à l'usage de saint Siméon, date du XIᵉ siècle et reproduit la version des Septante. Les feuilles de parchemin ont o,20 de largeur sur o,25 de hauteur.

La couverture de velours vert n'a gardé de sa décoration primitive qu'une plaque d'ivoire, sculptée en fort relief. Au premier abord, on serait tenté de la reporter à l'époque carlovingienne; mais, en l'examinant de très près, on se trouve descendre jusqu'à l'ère romane. Nous ne la croyons donc pas antérieure au manuscrit qu'elle décore.

Le choix du sujet a peut-être été motivé par le nom du reclus dont on voulait honorer le livre, tenu comme relique. En effet, la première scène met en évidence le vieillard Siméon : la seconde est relative au baptême. Nous avons donc là deux manifestations de l'Homme-Dieu, reconnu lors de son offrande au temple et proclamé la lumière des nations, la gloire d'Israël, le salut de tous les peuples, puis glorifié par son père et sanctifié par l'Esprit-Saint. Ce sont là évidemment des motifs iconographiques qui conviendraient mieux à un évangéliaire et qui font soupçonner que l'ivoire n'a pas eu, à l'origine, la destination à laquelle il a été affecté postérieurement.

Chaque sujet est élucidé par une inscription métrique, sur le biseau du cadre. En haut, le temple de Jérusalem est figuré par un édifice à trois nefs. Sous l'arcade principale se dresse un autel, en forme de cippe, mouluré à sa base et marqué d'une croix à la partie antérieure. La Vierge, nimbée, voilée, chaussée et drapée

dans son manteau, présente, les bras tendus, son fils, déjà grand, la tête entourée
du nimbe crucifère, vêtu d'une tunique longue, bénissant à la manière latine de
la droite, et de la gauche pressant un livre fermé sur sa poitrine. Le vieillard Siméon,
pieds nus, barbu et nimbé, comme un prophète, s'avance de l'autre côté de l'autel
pour recevoir l'Enfant-Dieu : ses mains sont respectueusement enveloppées dans
son manteau. Saint-Joseph le suit, portant, sur ses mains recouvertes de son manteau, les deux colombes du rachat : sa figure est âgée et ses pieds sont nus.
Derrière Marie, on remarque, debout, la prophétesse Anne : sa main gauche tient
un livre fermé, par allusion aux oracles qu'elle a médités, et sa droite fait un
geste qui témoigne qu'elle en voit l'accomplissement : voilée, sa tête est empreinte du caractère de la vieillesse et son nimbe atteste la sainteté de sa vie passée
dans le temple.

IN TEMPLV DNS SYMEONIS FERTVR AB VLNIS

Au plan inférieur, deux petits personnages, l'un assis et l'autre agenouillé,
nus moins aux reins, personnifient le Jor et le Dan ; de leurs urnes s'échappent
les flots qui, réunis, forment le Jourdain, dont les eaux montent en arrière du Christ,
pour indiquer qu'il y est plongé. Le Sauveur est debout, complètement nu et les bras
pendants ; sa divinité est proclamée par son nimbe crucifère et par la colombe divine
qui plane au-dessus de lui. Saint Jean, nimbé et pieds nus, habillé d'une tunique
ceinte à la taille et d'un manteau flottant, se tient sur la rive du fleuve, étendant la
main droite sur la tête de celui qu'il baptise par infusion. Au côté gauche,
deux anges, nimbés et les ailes ouvertes, déploient la draperie avec laquelle le
Christ s'essuiera au sortir de l'eau ; sur la rive opposée, un ange plus petit, les
ailes abaissées, lui présente sa tunique.

ABSTERSIT XPI BAPTISMVM CRIMINA MVNDI.

Cet ivoire ne manque pas d'un certain cachet de dignité. La Vierge y est
mieux traitée que les personnages qui l'entourent, mais Siméon et saint Jean
ont des têtes trop fortes pour les corps ; les anges surtout, au lieu de l'éternelle jeunesse, accusent une virilité disgracieuse. Somme toute, la pièce est curieuse
et d'une facture qui, à part certaines réserves nécessaires, mérite plutôt l'éloge que le
blâme, principalement pour la façon dont elle est fouillée.

Le Trésor de Trèves.

Phototypie E. Charreyre Lyon.

PL. VII.

Ivoire Roman

XIe Siècle.

VIII

ENCENSOIR

Hauteur : 0, 31 ; diamètre : 0, 14.

CATHÉDRALE. — FIN DU XIe SIÈCLE

Cet encensoir, qui appartint autrefois à la cathédrale de Metz, est en argent repoussé, de la forme communément qualifiée *boule*, mais avec tendance à pyramider à la partie supérieure.

Le style est complètement roman, avec la grossièreté ou maladresse du XIe siècle. Cependant l'ensemble n'est pas dépourvu de grâce et l'idée surtout est éminemment symbolique. Des retouches, faites à la fin de la période gothique (XVe siècle), apparaissent çà et là, du pied au sommet.

Quatre chaînes, aux quatre angles, unissent la cassolette à la patère qui dessine un quatrefeuilles fenestré. Le récipient du charbon embrasé est rond, coupé de demi-cercles renversés : dans ces tympans et aux écoinçons, s'allongent ou s'enroulent des feuillages. Un mastic épais, dont les traces sont très visibles, empêchait, en garnissant les creux, le repoussé de céder sous une pression ou un choc.

Le couvercle oppose des demi-cercles saillants, de manière à faire un disque complet et les abrite sous un pignon, qui a une boule pour amortissement. Des oiseaux à long cou y sont affrontés et mêlés aux feuillages.

Des tourelles ajourées et à toit côtelé remplissent les intervalles.

Au-dessus s'élève un octogone à jour, flanqué d'une série d'édicules, à chevet droit ou en abside, dont la toiture se termine en boule : le tout est ajouré en plein cintre, à hauteur du premier étage et *maçonné* au soubassement, c'est-à-dire avec appareil simulé.

L'idée de la composition est simple et inspirée par la destination même de l'ustensile liturgique. L'encensoir est remis par l'Église aux mains du prêtre

pour qu'il s'en exhale, principalement pendant la messe, qui est la fonction
supérieure à toutes les autres, un parfum d'agréable odeur. Or l'encens, en
brûlant, symbolise la prière des fidèles assemblés, qui monte vers Dieu. Le
prêtre, en encensant l'autel, dit cette formule : « Dirigatur, Domine, oratio
mea sicut incensum in conspectu tuo (*Psalm.* CXL, 2). Accendat in nobis Dominus ignem sui amoris et flammam æternæ caritatis. »

La forme en boule indique la terre, à qui Dieu commanda, au troisième
jour, de se couvrir de végétation, d'herbe verte : « Et protulit terra her-
bam virentem... lignumque pariens fructum. » (*Genes.*, I, 12.) Voilà pour la
partie inférieure qui chante un hymne incessant à son Créateur : « Benedicite, montes et colles, Domino ; benedicite, universa germinantia in terra, Domino. Benedicat terra Dominum , laudet et superexaltet eum in sæcula »
(*Daniel*, III, 74, 75, 76.) Ces textes sont empruntés au cantique des trois
jeunes hébreux dans la fournaise, que le prêtre récite en descendant de l'autel.

La partie supérieure figure la Jérusalem céleste, où les âmes fidèles
trouvent le repos éternel : « Et tu, piissime D. J. C........ miserere animæ
hujus famuli tui et eam introducere digneris ad semper virentia et amœna loca
Paradisi. » (*Rit. Rom.)* Les âmes, ce sont ces oiseaux, au port calme, à
l'attitude tranquille, qui se complaisent au milieu d'une végétation plantureuse :
« Dominus regit me et nihil mihi deerit, in loco pascuæ ibi me collocavit. »
(*Psalm.* XXII, 1.) Comme dans la demeure aérienne dont parle le Sauveur en
son Evangile, les habitations y sont nombreuses : « In domo patris mei man-
siones multæ sunt. » (S. *Joann.*, XII, 2.)

L'idée du paradis n'est ici qu'à l'état d'embryon : au XIIe siècle, elle
se développe sur un autre encensoir de la cathédrale, jusqu'à ce qu'elle prenne
définitivement corps dans l'ustensile décrit par Théophile, et commenté par
Viollet-le-Duc (*Annal. arch.*, t. VIII, p. 95 et suiv.).

L'encensoir montre donc le ciel uni à la terre et notre demeure mo-
mentanée nous élevant graduellement vers la demeure permanente, qu'éclaire
l'Agneau : « lucerna ejus est Agnus » (*Apocal.*, XXI, 23). Et cette lumière
jaillit de toutes les ouvertures, avec la fumée odorante à laquelle elles donnent
passage. Le moyen âge savait parler éloquemment et alors se complétait l'hymne
par ce dernier élan : « Benedictus es, Domine, in firmamento cœli et lauda-
bilis et gloriosus et superexaltatus in sæcula. » (*Daniel*, III, 56.)

LE TRÉSOR DE TRÈVES.

PL. VIII.

ENCENSOIR

fin du XIᵉ Siècle.

TRIPTYQUE DE SAINT ANDRÉ

Hauteur : o, ;8 ; largeur étant ouvert : o, 4;.

CATHÉDRALE. — XIIᵉ SIÈCLE

La présence de ce triptyque, consacré à la passion et à la glorification de saint André, s'explique parfaitement dans une église qui avait en si grande vénération la sandale de l'apôtre. L'un et l'autre devaient s'exhiber en même temps, au jour natal et à certaines fêtes, car l'exposition des reliques correspondait constamment au degré de la solennité.

Ce triptyque est en cuivre doré et émaillé. Du panneau central il ne reste que l'encadrement, feuillagé au repoussé et taillé en biseau au-dessous de la frise. Sur le fond, renouvelé en 1605, se détache un sautoir, autrement dit *croix de Saint-André*, et entre ses branches supérieures est gravé son nom. La statuette guindée de l'apôtre a le cachet de la fin du xviᵉ siècle.

Sur chacun des volets s'étagent trois panneaux, bordés de roses, avec gemmes aux frises de séparation. Les scènes, empruntées à la *Légende d'or*, sont figurées par le procédé du champlevé avec émaux de l'école rhénane, où le vert domine. Les couleurs y sont au nombre de six : blanc, rouge, bleu lapis, bleu clair, vert foncé, vert tendre. Leur groupement se fait de plusieurs manières : les rayons célestes sont verts avec bordure rouge ou successivement verts, rouges et blancs; le nimbe bleu, couleur céleste, est ourlé de blanc, pour mieux arrêter ses contours; le ciel est bordé en rouge, blanc et bleu clair; la main divine, qui bénit à trois doigts, est emmanchée de vert; sur les ailes des anges, le rouge passe au bleu, puis au blanc; les vêtements sont blancs, blanc bleuâtre, avec manteau vert ou, réciproquement, robe verte et manteau bleuâtre. Il y a du rouge au ciel, aux ailes des anges, aux bases des colonnes, aux coupoles et à l'astragale du dernier panneau. Le vert clair se renforce aux bords et finit par devenir bleuâtre. Les ombres des chairs et des cheveux,

3

ainsi que les contours des figures et les lettres, sont niellées. Le bleu a des lumières blanches. Les chairs sont réservées dans le métal.

Les sujets se lisent de droite à gauche (la droite du triptyque) et de bas en haut.

Les personnages sont désignés par leur nom, et d'autres inscriptions, très abrégées, indiquent les paroles prononcées.

1. Saint André, .ANDREAS., guérit saint Mathieu, .MATHEVS, à qui les infidèles avaient arraché les yeux. Il prie en ces termes : APRI. DNE. OCVLOS. SERVI. TVI.

2. Egée, proconsul d'Achaïe, EGEAS, coiffé d'un bonnet vert, bordé de rouge et de blanc, en robe verte, à manches, ceinture et bordure rouges, fait comparaître saint André à son tribunal ; il lui reproche la destruction du temple de Dieu : TV ES ANDREAS 7 DESTRVIS T. D. (*templum Dei*). L'apôtre, ANDREAS, lui répond qu'il prêche la vérité : EGO. SŌ PDIC V̄B̄. VERITATIS (*Ego sum prædicator verbi veritatis*).

3. Saint André, ANDREAS, se prosterne devant l'instrument de son supplice, qui est de couleur verte et semblable à la croix du Sauveur. Il l'apostrophe ainsi : SVSCIPE. ELECTA. CRVX. HVMILĒ. PP̄T. DL̄ (*humilem propter delictum ?*)

4. Saint André, ANDREAS, s'adresse aux fidèles, FIDELES., leur recommandant la foi : ATQ. VOS. Ē. V. FID̄. V. E. SVP̄ FV̄DAM̄TA. X. POSVISTIS. CR̄E. F. (*Atque vos estis vere fideles, vos enim super fundamenta Christi posuistis* (positi estis) *credentes fidem*).

5. Saint André, debout sur la croix, entre deux bourreaux, CARNIFI- CES. La croix est verte, signe du triomphe prochain. La scène est intitulée PASSIO SC̄Ī ANDREE.

6. Deux anges, respectueusement inclinés, tiennent ouverte la porte du ciel sur laquelle la main de Dieu verse des rayons de lumière : PORTA. CELI.

L'entrée au ciel est la récompense du martyre. Une autre glorification attend l'apôtre, car il trône en majesté, étant un de ceux à qui le Christ a dit : « Sedebitis et vos super sedes duodecim, judicantes duodecim tribus Israël. » (Saint Matth., XIX, 28.)

On a inconsidérément surmonté le panneau central d'un crucifix, en émail champlevé de Limoges, du XIIIᵉ siècle et d'un type assez commun.

Le Trésor de Trèves.

PL. IX.

TRIPTYQUE DE SAINT-ANDRÉ

XII.ᵉ et XVI.ᵉ Siècle.

Héliographie P.Dujardin

X

COUVERTURE D'ÉVANGÉLIAIRE

Hauteur : o, 35 ; largeur : o, 25.

CATHÉDRALE — XIIᵉ SIÈCLE

Cette couverture, en argent doré, date du XIIᵉ siècle et est de style allemand.

Elle a perdu sa bordure, qui devait être filigranée et gemmée, comme on le voit sur d'autres évangéliaires du même trésor et ailleurs. Il ne reste plus que la plaque centrale, travaillée au repoussé et dont les personnages se détachent du fond en fort relief. Or, pour éviter que ce relief eût à souffrir, quand le livre était ouvert ou posé à plat, quatre gros cabochons, suivant une pratique constante, saillissaient aux angles et empêchaient le frottement de se produire. De plus, à l'ambon, on l'appuyait, soit sur un doublier d'étoffe, soit sur un coussin, ou encore sur l'un et l'autre à la fois.

La plaque, contournée d'une moulure feuillagée, avec grénetis à l'intérieur, est partagée en trois parties inégales par un bandeau, gravé en treillis et parsemé de petits cabochons ronds, sertis en bâte, entourés d'un cordon granulé et flanqués chacun de quatre perles.

Au centre, dans une auréole dont le pourtour est rehaussé de filigranes et de gemmes, le Christ trône en majesté. Sa main droite levée bénit à la manière latine ; ses pieds sont nus, ainsi que le prescrit l'iconographie et posés sur un escabeau ; sa tête est entourée d'un nimbe filigrané, où des gemmes marquent les branches cruciformes ; un manteau recouvre sa tunique à col brodé et le livre de sa loi est appuyé sur son genou gauche, fermé, car il n'appartient qu'à lui seul de l'ouvrir : « Ecce vicit leo de tribu Juda, radix David, aperire librum. » (Apoc., V, 5.)

A la droite du Sauveur se tient debout saint Pierre, caractérisé par la longue clef avec laquelle il ouvre le ciel, et, à gauche, saint Paul. Tous les deux, en qualité d'apôtres, se distinguent par le nimbe de la sainteté, le double vêtement, le livre de la doctrine tenu dans un pli du manteau et les pieds nus, à cause de la mission qu'ils ont remplie dans le monde. Leur physionomie est celle qu'a maintenue le moyen âge : tête ronde et cheveux en couronne pour saint Pierre, front chauve et barbe pointue pour saint Paul qui, au lieu de porter un glaive, fait le geste de l'allocution.

Les deux frises qui enserrent la partie médiane contiennent trois compartiments, tracés chacun à l'aide d'un bandeau filigrané et gemmé, remplacé sur un point, au xv° siècle, par deux roses superposées. En haut, l'ange de saint Mathieu, à mi-corps, a pour pendant l'aigle de saint Jean et, en bas, le bœuf de saint Luc fait face au lion de saint Marc, ce qui est l'ordre hiérarchique et traditionnel. Les symboles des évangélistes sont nimbés, ailés et munis de leur évangile.

Le Saint Esprit plane dans la sphère supérieure, la tête ornée d'un nimbe uni et, à la partie opposée, Marie, figurée en buste seulement, présente la pomme fatale à son divin fils qui, par sa bénédiction, enlève la malédiction que la faute d'Ève y avait attachée. L'enfant Jésus est vêtu de la tunique sans couture que lui tissa sa mère.

Le sens général de la composition est celui-ci : La Vierge a mis au monde le Fils de Dieu, sur qui a reposé l'Esprit du Seigneur et qui, après avoir confié aux hérauts de sa parole le soin de répandre l'Evangile par toute la terre, établit les chefs du collège apostolique pour en être les interprètes autorisés et ainsi conduire les âmes fidèles au ciel, où lui-même est assis dans la gloire, assurant par sa bénédiction le succès de leur prédication.

Comme l'artiste a bien compris son sujet et comme ce thème iconographique s'adapte merveilleusement aux saints Evangiles qu'il recouvre d'une si riche enveloppe !

Le Trésor de Trèves.

PL. X

Couverture d'Evangéliaire

XIIe Siècle.

Héliogravure D. Bour, Nanteuil

XI

COUVERTURE D'ÉVANGÉLIAIRE

Hauteur : 0, 26 ; largeur ; 0, 18.

CATHÉDRALE. — XIIe SIÈCLE

Une large bande d'argent doré contourne la Crucifixion. Des plaques, filigranées et gemmées, y alternent avec des plaques émaillées. L'émail, champlevé, a
été fabriqué sur les bords de la Moselle : il est toujours uni, sans nuances et ses
quatre couleurs sont le bleu lapis, le bleu clair, le vert et le jaune. Il oppose quatre
prophètes aux quatre évangélistes. De ces prophètes, deux seuls se reconnaissent à
leurs attributs : ce sont Moïse et saint Jean-Baptiste. Les deux autres, placés en
regard, déroulent un phylactère. Peut-être pourrait-on les désigner comme étant
Isaïe et Jérémie, qui occupent le premier rang parmi les grands prophètes. Ils ont
le nimbe de la sainteté : jaune, comme le sol qu'il foule, pour celui de droite,
debout sur un fond bleu lapis; foncé, également comme le sol, pour son vis-à-vis,
qui se détache sur un fond bleu clair. Moïse ressort sur un champ vert, son nimbe
est bleu, les deux tables de la Loi bleues aussi et le sol bleu lapis : son rouleau le
classe parmi ceux qui ont annoncé la venue du Messie. Saint Jean, qui l'a montré,
tend l'index et développe un phylactère. Son nimbe est vert et le champ de la plaque
bleu lapis. Pieds nus, en raison de sa mission qui l'assimile aux apôtres, il est vêtu
d'une peau de chameau et brandit de la main gauche le glaive de sa décollation.

Les symboles des évangélistes occupent les quatre angles de la couverture :
il manque le lion de saint Marc. Ailés, et figurés à mi-corps, ils tiennent une tablette
ou un phylactère. Le bœuf et l'aigle ont un nimbe bleu foncé, qui contraste avec le
bleu clair du fond : il n'en est pas de même de l'ange, où les nuances se présentent
en sens inverse.

Les plaques de joaillerie offrent invariablement, sur un courant de filigranes dont les vrilles se terminent en tête de clou, un gros cabochon central, entouré de huit petits. Le montage est uniforme. c'est-à-dire en bâte à rebord dentelé. Le gros cabochon est généralement à arête et en cristal de roche. Les autres gemmes sont des plus variés : saphirs, rubis, rubis balais, émeraudes, plasmes d'émeraude. Quelques-uns des saphirs et des balais sont percés de part en part, ce qui témoigne qu'ils ont été autrefois enfilés et primitivement portés en collier. Un plasme d'émeraude, à section cylindrique, est également percé et, comme à Aix-la-Chapelle et à Cologne, un morceau de verre phénicien a été utilisé à titre de pierre précieuse ; enfin un des cristaux est moucheté de bleu.

Le nombre total des pierres est de soixante-douze, dont huit nicolos gravés en intailles. Tous appartiennent aux bas-temps et accusent un travail assez négligé. Le plus intéressant porte une inscription grecque : EIC ΘEOC, εἷς θεός, un seul Dieu. Sur les autres, on voit deux hommes à tête d'âne qui se serrent la main, un gladiateur, un soldat armé de la lance et du bouclier, trois oiseaux et une plante marine.

Sur le panneau du milieu, dont l'encadrement au repoussé atteste le XIIe siècle, ont été appliqués trois morceaux d'ivoire, qui peuvent remonter jusqu'au XIe siècle et proviennent d'ailleurs. Le Christ étend les bras horizontalement, un jupon couvre les reins, les pieds posent sur un support et les yeux sont vifs. A droite, Marie, la tête voilée, porte la main gauche à sa figure, comme si elle voulait essuyer des larmes. Saint Jean, de l'autre côté, soutient de la droite son menton : la physionomie est pensive. Les trois statuettes, élancées et sveltes, ont un certain cachet de dignité ; elles appartiennent incontestablement à l'art latin.

Dans la composition première, l'idée d'une crucifixion est fort acceptable. On peut donc y voir, comme thème général, la mort du Christ annoncée par les prophètes se réalisant sur l'arbre de la croix et finalement promulguée par les évangélistes. Tout cela convient bien à un évangéliaire, qui consacre toutes ses pages à la glorification de l'Homme-Dieu.

—→≫·≬·⋘←—

Le Trésor de Trèves.

PL. XI

COUVERTURE D'ÉVANGÉLIAIRE

XII.ᵉ Siècle.

XII

INITIALE DE L'ÉVANGILE

DE SAINT MATHIEU

CATHÉDRALE — XIIe SIÈCLE

Nous venons d'admirer la couverture, passons au livre. Le manuscrit, par ses miniatures, est digne de son enveloppe.

Les quatre évangiles se succèdent *in extenso* dans l'ordre habituel, qui est : saint Mathieu, saint Marc, saint Luc et saint Jean. Pour la commodité du diacre, qui devait y chanter l'évangile à la messe solennelle, une table générale indique, à l'aide de renvois, celui qui convient à chaque fête ou dimanche de l'année. Ce système peu pratique persévéra longtemps.

Les miniatures qui rehaussent le vélin sont de trois sortes : canons, lettres initiales, évangélistes.

Les canons, qui sont la concordance des Evangiles, forment une série d'arcades, utiles à étudier pour leur structure et leur décoration : ils se complètent par la représentation des quatre animaux manifestés en vision à Ezéchiel et à saint Jean.

Les évangélistes sont figurés écrivant et deux hexamètres expliquent la signification mystique de leur attribut. La miniature tient la page entière et, malgré la fréquence du sujet, ce n'est pas un des moindres attraits de ce précieux volume.

Saint Mathieu nous dévoile dans ses écrits l'humanité du Christ, né d'une lignée généreuse, puisque ses ancêtres furent des rois :

† *Tu, Mathee, tuis nobis, homo, dicito scriptis*
Xpictuc prosapia sit natus quam generosa.

Saint Marc est inspiré par la colombe divine, au nimbe crucifère, qui lui

souffle à l'oreille. Pourquoi jouit-il seul ici de ce privilège, puisque les autres évangélistes ont reçu comme lui l'inspiration d'en haut ? Lion, aux rugissements qui font
trembler, il montre le Christ qui ressuscite vivant du tombeau :

> † *Sed tu, Marce, leo, fremitu rugis tremebundo*
> *Ex tumba Xpictuc quod surrexit redivivus.*

Saint Luc écrit que le Christ fut présenté au temple en sacrifice, comme le
veau de l'ancienne loi :

> † *In vituli forma depictus mystice Luca*
> *Est, quia litatus in templo scribito Xpictuc.*

Saint Jean est vieux, barbu, blanchi par l'âge, comme à l'époque où il écrivit
l'Apocalypse : type qui appartient à l'iconographie latine et byzantine. A la façon de
l'aigle, il prend son vol hardi vers les cieux, où il contemple la divinité dont il redit
les mystères :

> † *Ore gerens aquilam, Johannes, astra petentem*
> *Scribens deprome quae sentis de deitate.*

Comme spécimen des initiales de chaque évangile, nous donnons la belle et
grande lettre qui orne le début de celui de saint Mathieu, dont la rubrique est ainsi
conçue : *Initium sancti euangelii secundum Matheum*, en majuscules épigraphiques.
La lettre L, qui commence le mot *Liber*, se continue en lettres fleuronnées et est
suivie d'une partie du mot *generationis*. Elle se détache en nuances diverses sur un
fond bleu clair : le champ du tableau, encadré d'une bordure, est teint en pourpre
violette, à travers laquelle on distingue les rayures du calligraphe tracées au poinçon.
Rien n'est plus gracieux que cet enroulement feuillagé, animé par des dragons qui
mâchent les rinceaux. On y sent circuler une sève fécondante, qui n'est pas sans
allusion à l'arbre généalogique par lequel débute saint Mathieu : cette luxuriante
végétation est aussi un symbole de la vie humaine dans son épanouissement. Au
centre apparaît l'homme, qui caractérise le premier des évangélistes, enveloppé
comme dans une auréole : ses ailes sont éployées, sa tête grave est entourée du
nimbe et de ses deux mains il tient sur sa poitrine le livre qu'il a écrit pour raconter
l'humanité du Sauveur.

Cette page, d'art allemand, est habilement composée et fait honneur à l'école
de miniature qui, aux XIIe et XIIIe siècles, fleurissait sur les bords de la Moselle.

LE TRÉSOR DE TRÈVES.

PL. XII.

MINIATURE

XIIᵉ Siècle.

XIII

COUVERTURE D'ÉVANGÉLIAIRE

Hauteur : o, 37 ; largeur : o, 26.

CATHÉDRALE — FIN DU XIIᵉ SIÈCLE

~~~~~~~~~~~~~~~~~~~~

La pièce est d'argent doré. Les cabochons de cristal sont de différentes grosseurs : plusieurs sont percés, ce qui indique que, primitivement, ils ont été enfilés pour être portés en colliers ; l'un d'eux, à droite, a été peint par-dessous en jaune saturne.

Aux angles, les quatre symboles des évangélistes sont en ivoire, d'un caractère plus ancien, ainsi que les autres figures qui occupent le milieu des grands et petits côtés de la bordure. En haut, c'est la Vierge ; en bas, un évêque, peut-être saint Godard, car le manuscrit vient de Hildesheim ; à droite, l'Église, appuyée sur l'étendard autour duquel elle rallie ses enfants, et le bouclier avec lequel elle les défend ; à gauche, la Synagogue, qui s'éloigne, la figure chagrine et brandissant encore le glaive de la conquête et des sacrifices sanglants.

L'émail central, fabriqué sur les bords de la Moselle, à Trèves peut-être, d'après les procédés du champlevé, présente ces cinq couleurs : bleu lapis, bleu cendré, blanc, jaune et vert. Tous les nimbes sont jaunes, par allusion à la gloire qu'ils représentent, moins celui de la Madeleine, qui est bleu. Le vert domine, et les fonds sont unis, double caractère de ce genre d'émail, qui, à l'encontre des émaux rhénans, n'a pas de nuances intermédiaires ni pour le vert, ni pour le bleu, pas plus que pour les autres. Tout y est plat : les plaques sont très grandes et les figures ressortent en métal gravé.

Cette plaque, divisée en trois registres, place la mort du Christ entre les deux faits qui attestent sa résurrection. Quatre clous fixent le Sauveur à la croix,

4

plantée sur un sol vert ondulé et se dessinant en vert; une tablette blanche supporte les pieds; une autre tablette, restée vide, rappelle le titre ordinaire; le soleil et la lune personnifiés surmontent le croisillon et sont enfermés dans des disques blancs, qui symbolisent leur orbe brillant. OB*it.* HIC, dit l'inscription qui correspond à la crucifixion. Le fond du panneau est bleu lapis, bordé de bleu clair.

Sur les croupes du Calvaire sont debout : à droite, la Vierge de douleur, ISTA. FLET. ; l'Église, couronnée, nimbée, armée de la croix à laquelle flotte un étendard, recueillant dans un calice le sang qui coule du côté percé du fils de Dieu, HEC. SVRG*it.* ; à gauche, la Synagogue, les yeux bandés, laissant choir sa couronne et la lance des combats à la main, CAD*it.* HEC ; enfin saint Jean, le livre de son évangile tenu respectueusement dans un pli de son manteau, DOLET. IPSE.

A la partie inférieure, sur champ bleu, un ange, assis sur le couvercle (jaune) renversé du sépulcre en bleu lapis, annonce la résurrection aux trois Maries, nimbées, qui apportent des parfums : la première tient un encensoir, exprimant la façon dont elles comptent les employer. La mort du Christ les avait attristées, la parole de l'ange les réjouit :

ANGELVS. EXILARAT. DÑI. QVOS. MORS. CRVCIARAT.

Au registre supérieur, Madeleine se prosterne aux pieds de son maître qu'elle vient de reconnaître et qui la bénit, tout en lui défendant de le toucher. Le champ est bleu cendré, avec sol vert.

La pensée qui a guidé la main de l'artiste ne me semble pas difficile à saisir, et j'en admire la simplicité autant que l'à-propos. Le Christ meurt sur la croix pour le salut du genre humain, entre deux témoins qui sont sa mère et son disciple bien-aimé ; répudiant la Synagogue infidèle, il choisit pour épouse l'Église à qui il transmet son sang divin, avec mission de continuer à appliquer le bienfait de la rédemption par le saint Sacrifice. Ressuscité, il apparaît à Madeleine, et, par l'entremise d'un ange, informe les saintes femmes de son triomphe. Tout l'évangile est là : le Christ naît de la Vierge Marie, s'offre en immolation et prouve sa divinité par sa résurrection. Alors les évangélistes racontent ce qu'ils ont vu ou appris des apôtres, et la bonne nouvelle, grâce à leurs écrits, atteint les extrémités de la terre ; puis, par saint Godard la croyance catholique s'implante à Hildesheim.

LE TRÉSOR DE TRÈVES.

PL. XIII.

COUVERTURE D'EVANGÉLIAIRE

fin du XIIe Siècle.

XIV

COUVERTURE D'ÉVANGÉLIAIRE

Hauteur : o, 35 ; largeur : o, 23.

CATHÉDRALE — XIIᵉ SIÈCLE

Les plats intérieurs sont garnis d'un *holosericum* oriental, du xiᵉ siècle. Le fond vert est parsemé d'ovales, d'un vert plus pâle et que relient entre eux des disques marqués d'une rose. Les intervalles sont remplis par des roses plus larges. Les grands médaillons offrent un cheval bleu ailé, à œil et sabots jaunes, galopant au-dessus d'un arbre rouge.

Le plat supérieur, malgré sa mutilation, émerveille le regard. Une croix le traverse en hauteur et en largeur; une large bordure, de même travail, l'encadre, et ses quatre cantons sont rehaussés de plaques d'orfévrerie. La matière est l'argent doré, excepté pour les panneaux historiés.

Les pierres, serties dans des bâtes à petites dents, sont très multipliées et rapprochées les unes des autres ; on en compte en tout 228. Une petite alterne avec une moyenne ; les plus grandes sont réservées pour les extrémités ou les centres. Ces dernières sont alors retenues par des griffes découpées en trèfle. La qualité est celle que l'on rencontre partout : seulement, au côté droit de la croix, à l'extrémité du croisillon, il y a un bézoard, facilement reconnaissable à sa couleur jaunâtre et à sa contexture granulée, et ailleurs un fragment de verre phénicien vert, à bandes sanguines. La taille est parfois irrégulière, ou plutôt elle n'existe pas ; la forme varie entre le cabochon à dos arrondi et la table à surface aplatie; quant aux contours, ils sont indifféremment ronds, ovales, oblongs, carrés, triangulaires, cordiformes ou même à huit pans. Les cabochons qui reluisent en blanc sur la planche sont en nacre de perle.

Le cabochon central, qui probablement était un gros cristal de roche, a pour entourage un disque filigrané, où des triangles d'émail cloisonné alternent avec des cabochons en nacre de perle ou plasme d'émeraude. De ce médaillon partent quatre petites plaques, de même émail, disposées en croix.

Ces émaux, ornés de roses superposées, reparaissent sur les côtés, en quatre endroits de la bordure. Ils datent du x⁵ siècle et nous croyons y reconnaître une commande d'Egbert. Cloisonnés en or, ils appartiennent à un autre objet, couverture ou reliquaire, et constituent ici des pièces de rapport, utilisées à cause de leur beauté. Seul le bleu y est translucide.

Quant à leur montage, il n'est pas antérieur au xiiᵉ siècle, époque où fut faite la couverture qui, par son style, dénote une main allemande.

Les quatre animaux ne sont qu'en cuivre doré; mais, quelle vigueur dans leur fière tournure, quelle précision dans le détail de la ciselure, quelle expression dans la physionomie ! Le procédé d'exécution est le repoussé, qui a permis d'arriver à ce modelé vivant. Le nimbe est strié, le livre orné, et, comme les a vus Ezéchiel, les animaux ont chacun six ailes volantes, précisant le caractère de leur mission par le monde. L'ordre observé entre eux est celui même de la hiérarchie; en haut, l'homme et l'aigle; en bas, le lion et le bœuf.

Le symbolisme de la composition est rendu plus évident encore par la comparaison avec les autres couvertures du même trésor. La croix remplace le Christ, car saint Paulin avait dit et la mosaïque absidale du Latran le confirmait : « Ubi crux et martyr ibi. » Ici tout est donc symbole. Les quatre évangélistes proclament la gloire de la victime ressuscitée et la vertu de la croix qui a racheté le monde. Cette croix, précisément parce qu'on se plaisait à la qualifier glorieuse, a été embellie de toutes les ressources de l'art.

Quatre plaques carrées manquent aux quatre angles : on distingue nettement la trace des clous qui les fixaient. Ne pourrait-on pas supposer à cette place quatre prophètes annonçant la mort du Christ et la rédemption? Une des couvertures du trésor nous y autorise par ses émaux, et une miniature contemporaine nous donne même le texte de la prophétie. Rien n'est donc plus vraisemblable, à moins qu'on ne préfère, ce dont Trèves ne fournit pas d'exemple, mais qui est commun ailleurs, les figures relatives au sacrifice de la croix dans l'ancienne loi, telles que l'offrande d'Abel, l'immolation d'Isaac, la bénédiction de Jacob et la préservation des Hébreux par le sang de l'agneau.

LE TRÉSOR DE TRÈVES.

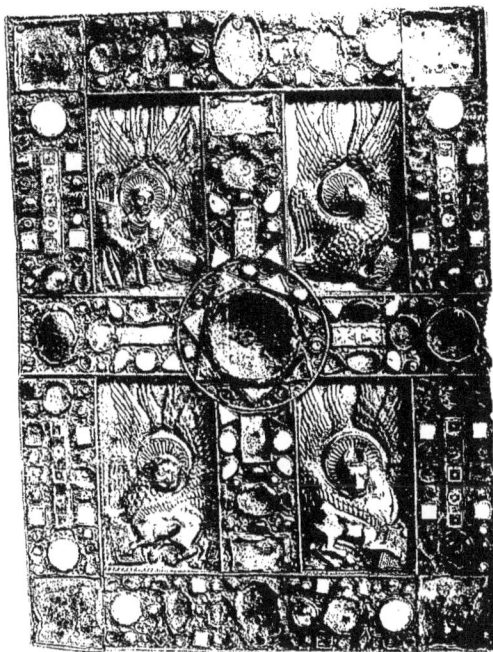

PL. XIV.

COUVERTURE D'EVANGÉLIAIRE

XIIe Siècle.

XV

COFFRET ORIENTAL

Hauteur totale : 0, 25 ; hauteur du coffre : 0, 135 ; largeur : 0, 30.

CATHÉDRALE — XII⁰ SIÈCLE

Ce coffret est sans contredit une des curiosités du trésor de la cathédrale. Il se compose de deux parties bien distinctes : le coffret lui-même, de style occidental et son revêtement de style oriental. Le mélange s'explique ainsi : le coffret a été rapporté d'Orient, probablement au temps des croisades. Arrivé à destination, il s'est trouvé mutilé, les encoignures manquant de solidité ; alors on l'a remonté, de la même façon qu'il fut construit à l'origine.

L'armature, si l'on peut employer cette expression, consiste en lames d'argent, évidées, à chaque panneau, de façon à encastrer les pièces de rapport, qu'enserre, comme dans un cadre, une bordure à fleurons cruciformes qui rappellent le siège épiscopal de la cathédrale de Toul ; poignées, charnières, griffes, fermeture, ne sont pas antérieures à ce rajustage.

Les poignées sont mobiles et annelées : placées sur les côtés, elles permettent de saisir le coffret à deux mains. Les charnières lient, à l'arrière, le couvercle à la boîte : elles représentent des oiseaux et des feuillages. Les gardes de la fermeture figurent un chevalier : par dessus saillissent trois anneaux striés verticalement, dans lesquels glisse un verrou que termine un lion accroupi. Les supports des quatre angles, comme d'habitude, représentent les quatre pattes d'un lion.

L'aspect est celui d'une boîte rectangulaire, avec couvercle à quatre pentes, amorti au sommet.

Les pièces de rapport, en bas, sont quadrangulaires ; en haut, triangulaires ou trapézoïdales, selon l'espace qu'elles doivent remplir. Leur configuration est identique, c'est-à-dire une bordure d'entrelacs, avec étoiles aux angles, imitant de la passementerie ; au milieu, dans un disque, une rosette d'entrelacs et, sur le fond, un riche décor de filigranes d'une délicatesse extrême.

Le médaillon central est acosté, aux grands panneaux, d'entrelacs ainsi disposés : quatre petits, inscrits dans des disques et disposés en croix ; quatre plus grands, aux angles. Sur les côtés, la passementerie s'étend du haut en bas ; aux trapèzes, les écoinçons de la rosace sont garnis d'entrelacs.

La plaque du fond, estampée, représente des entrelacs et des feuillages dans des disques, celui du milieu plus développé que les autres ; fond qui lui-même a manqué de solidité, car il a été radoubé.

L'époque de la modification est à peu près celle du travail primitif, qui se classe du xiie au xiiie siècle et semble indiquer une origine arabe.

Dans le principe, cet élégant coffret fut un meuble à usage essentiellement domestique et civil. Offert sans doute comme cadeau de noce, la fiancée y déposa ses bijoux, colliers, bracelets, anneaux, ceinture. Le moyen âge l'utilisa pour l'église, comme il fit tant de fois d'objets analogues. Nous citerons seulement, pour ne pas sortir des coffrets orientaux, ceux des cathédrales de Laval et de Bayeux, qui sont en ivoire et un autre, plus intéressant encore, en forme de boule, à l'église de Saint-Marc, à Rome. A Trèves, on y mit côte à côte les chefs de l'apôtre saint Mathias et de l'impératrice sainte Hélène, mère de Constantin ; de ces chefs il n'existe que la partie supérieure ou crâne, la mâchoire inférieure faisant défaut.

A propos de chefs, nous signalerons la coutume allemande : elle ne laisse à découvert que le crâne, garnissant le devant et le bas d'étoffe précieuse qui dissimule l'horreur qu'inspire généralement la vue d'une tête de mort.

LE TRÉSOR DE TRÈVES.

PL. XV.

COFFRET ORIENTAL

XIIᵉ Siècle.

XVI

CROSSE

Hauteur : 0, 29.

CATHÉDRALE — XIIIe SIÈCLE

~~~~~~~~~~~~~~~~~~~~~~~

La douille présente, dans son ornementation, trois motifs superposés, un ange entre deux enroulements. Les rinceaux sont de deux sortes : vert et jaune, pointé de rouge ; bleu foncé, bleu clair, blanc avec pointillé rouge. L'ange, nimbé, les ailes abaissées, issant des nuages, un livre à la main, est enfermé dans un médaillon circulaire.

Sur le nœud, arrondi, percé à jour, des dragons se mèlent aux rinceaux, que réunissent des roses : le tout est légèrement teinté d'émail.

Un ange sort à mi-corps du nœud : de sa tète s'élance la volute que soutiennent ses ailes éployées. Vêtu d'une aube ou dalmatique à orfroi perlé autour du cou, il tient en mains et appuyé sur sa poitrine le livre des évangiles, dont la couverture est rehaussée de gouttes d'émail bleu turquoise. La prunelle de ses yeux est ronde et avivée d'émail noir. Sa couronne à fleurons a son bandeau enrichi d'émaux imitant la turquoise. A la naissance des ailes, les plumes sont rouges ; elles deviennent ensuite bleues et blanches.

L'arête du crosseron est garnie de crochets feuillagés et sur son champ bleu se déroulent des rinceaux qui aboutissent à un semis de croisettes. L'extrémité saillit en tête de dragon, mâchant un trèfle.

Cette crosse, d'une belle exécution, soignée dans tous ses détails, comme orfèvrerie et émail champlevé, appartient à la fabrique de Limoges et au milieu du XIIIe siècle. Le travail est fini et élégant.

Nous lui connaissons plusieurs similaires : un à Nancy, chez M. Bretagne;

un autre gravé dans les *Annales archéologiques*, t. XIX, p. 121, avec cette désignation : « dans plusieurs collections de Paris et de Londres. » Le type a donc été reproduit plusieurs fois. Didron avait émis un doute sur son authenticité ; la présence de l'ange qu'il ne s'expliquait pas lui paraissait insolite. Nous ne partageons pas ses appréhensions : l'objet retourné dans tous les sens ne nous a rien révélé d'apocryphe, et, d'ailleurs, ses similaires ne sont pas absolument pareils.

Prise dans son ensemble, cette crosse ajoute un détail important au symbolisme traditionnel. Nous avons, comme ailleurs, le démon vaincu sous la forme du dragon, qui s'agite impuissant sur la terre ; nous retrouvons en outre la verge d'Aaron avec sa luxuriante frondaison ; enfin, nous signalons dans la tête du serpent, broutant un feuillage, le symbole habituel de la prudence et la figure du Christ qui a dit : « Estote prudentes sicut serpentes » (*S. Matth.*, X, 15) et, par allusion au serpent d'airain : « Et ego si exaltatus fuero, omnia traham ad me ipsum. » (*S. Joann.*, XII, 32.) L'erreur de Didron provient de ce qu'il a pris le serpent en mauvaise part : il lui répugnait, en effet, de voir un « ange portant sur sa tête et consolidant de ses deux ailes un serpent qui est le diable ».

Dans l'Apocalypse, l'évêque est appelé *ange*, car il est l'envoyé de Dieu sur terre ; il a mission d'enseigner aux peuples la science du salut : « ad dandam scientiam salutis plebi ejus » (*S. Luc.*, I, 77). L'ange ici tient le livre des saints évangiles, parce que l'évêque, au jour de sa consécration, l'a reçu sur ses épaules, comme un joug à porter. La couronne gemmée rappelle la mitre précieuse ; et, suivant la doctrine du Pontifical, tout cet appareil brillant n'a qu'un but, qui est de montrer à l'élu que l'Eglise attend de lui l'éclat des actes et des mœurs : « Quidquid illa velamina in fulgore auri, in nitore gemmarum et in multimodi operis varietate signabant, hoc in ejus moribus actibusque clarescat. »

Cet ange, l'évêque l'a directement sous les yeux, car il est son modèle, tandis que la courbe de la volute est tournée vers le peuple que sa vue doit guérir : « Quum percussi aspicerent sanabantur » (*Num.*, XXI, 9).

LE TRÉSOR DE TRÈVES.

PL. XVI.

CROSSE

XIIIᵉ Siècle.

RELIQUAIRE AUX PORTEURS

Hauteur : 0, 22 ; largeur à la base : 0, 23.

CATHÉDRALE. — XIV° SIÈCLE AVANCÉ

Au moyen âge, que la canonisation fût faite par l'évêque diocésain ou le pape, cet acte solennel autorisant le culte public entraînait de soi l'*élévation* du corps du nouveau saint qu'on tirait de terre pour le placer en vue au-dessus de l'autel. Bientôt on substitua au sarcophage de pierre une châsse de métal précieux. L'intention était excellente, mais le résultat fut déplorable, car il s'ensuivit inévitablement deux choses : le morcellement des ossements, pour satisfaire la dévotion générale ; puis leur dispersion ou destruction quand, en temps de révolution, on se rua sur la châsse à cause de sa valeur intrinsèque.

De la facilité à détacher de notables fragments du corps naquit une confusion telle que certaines églises qui n'en avaient qu'une partie finirent, à la longue, par affirmer qu'elles seules possédaient la dépouille entière d'un saint vénéré. Les concessions ainsi faites à titre gracieux furent l'objet de démonstrations enthousiastes de la part des populations et du clergé : on organisait des processions, la relique était exposée en grande pompe et, pour conserver le souvenir de cet événement notable, la liturgie locale lui consacra un office propre sous le nom d'office de la *translation*.

Le moyen âge, qui avait le sens esthétique au suprême degré, imagina de créer un type particulier de reliquaire, pour rappeler les cérémonies émouvantes de l'élévation, de la translation et des processions faites à l'anniversaire. Il en existe plusieurs de ce genre et un des moins curieux n'est assurément pas celui du trésor de Trèves. On les nomme *reliquaires aux porteurs*, parce que la châsse qui contient la

5

relique est soulevée sur les épaules de plusieurs dignitaires ecclésiastiques ou clercs, comme on avait fait lors de l'installation solennelle.

L'élévation était continuée par l'usage de placer la châsse à une certaine hauteur, de façon que les fidèles pussent passer dessous pour se mettre plus spécialement sous la protection du saint. La procession était figurée par la marche des porteurs, qui, par leur attitude, indiquaient qu'ils transféraient la pieuse relique dans le saint lieu où elle devenait désormais le but de pèlerinages et de prières.

Quatre lions accroupis, placés obliquement, ce qui constitue un des caractères de l'architecture du temps, supportent une haute plateforme moulurée, qui remémore le *thalamus* de l'exposition au-dessus de l'autel. Des pierres baroques, serties dans des bâtes à pans, à tranche moulurée et branlantes, c'est-à-dire mobiles sur leur pivot, sont réparties au pourtour du rectangle, au nombre de huit.

Quatre clercs, aux longs cheveux, en aube, sans ceinture à la taille, soulèvent la châsse sur leurs épaules, en s'aidant des deux mains, comme si le fardeau était très lourd. Contrairement à la coutume établie, ils sont affrontés, c'est-à-dire qu'ils sont au repos, étant arrivés à destination.

La châsse s'élève sur une plateforme, où sont poussées quelques moulures. Elle est à deux étages, le second en retrait sur le rez-de-chaussée, avec double façade sur les petits côtés et série d'arcatures continues aux flancs latéraux. C'est en somme une espèce d'église, construite plutôt par un architecte que par un orfèvre.

Les arcades, séparées par des contreforts qui se prolongent en clochetons, abritent leur trèfle sous un gâble fleuronné au sommet. De petites statuettes de saints y sont dressées. Il est impossible, faute d'attributs spéciaux, de désigner chacun d'eux : on remarque, entre autres, un évêque, une femme et une reine. D'autres statuettes sont aussi logées aux extrémités, en arrière des pignons et d'autres encore se voient sous le grand arc des façades des deux bouts. Leur attitude consiste à relever leur manteau d'une main et à gesticuler de l'autre.

Les reliques sont à l'étage supérieur, horizontalement, couvertes par un cristal, emboîté dans les amorces des pignons et formant la toiture de ce gracieux édifice de cuivre doré, bien conçu comme forme et élégamment exécuté.

Le Trésor de Trèves.

PL. XVII.

Reliquaire aux Porteurs

XIVᵉ Siècle

XVIII

ÉVANGÉLIAIRE DE FALKENSTEIN

Hauteur : 0, 35 ; largeur : 0, 23.

CATHÉDRALE. — XIVᵉ SIÈCLE

Les anciens évangiles du haut moyen âge, si nombreux dans le trésor, commençaient à déplaire : on les trouvait incommodes pour le service quotidien, leur lecture présentait des difficultés, l'écriture n'étant plus celle du jour et les miniatures avaient l'aspect de vieilleries. Aussi l'archevêque Cuno de Falkenstein résolut-il généreusement de satisfaire aux exigences nouvelles et s'empressa-t-il de commander un évangéliaire au goût de son époque.

Certes, il a réussi à produire une œuvre digne d'éloges comme format, qui est le grandiose in-folio ; comme calligraphie, l'écriture étant grosse et correcte ; comme disposition, les évangiles se succédant selon le cycle liturgique ; enfin sous le rapport de l'art, une miniature, inspirée par le récit évangélique, précédant, à chaque dimanche ou fête, le texte que chantera le diacre. C'est assez dire que ces miniatures, à mi-page ou page entière, sont en nombre indéterminé : aussi n'en donnerons-nous pas l'énumération complète, nous attachant aux trois principales, à celles que leur style ou leur iconographie recommandent d'une façon particulière à l'attention du visiteur émerveillé.

On est ébloui réellement par la vivacité de l'or et l'intensité des couleurs ; rien n'est flétri, et ces belles pages ont encore la fraîcheur de la jeunesse. C'est le côté brillant de l'œuvre ; au détail, on fait la part de la critique. Les bordures sont maigres ; le champ des tableaux uniforme, le dessin dur et incorrect, la mise en scène un peu gauche. A cette date, les manuscrits français et italiens sont infiniment supérieurs sous tous les rapports.

Le fond est de trois sortes : doré et gaufré, doré avec semis d'aigles à deux têtes se détachant en noir, rouge avec aigles d'or, l'un et l'autre imitant des tentures ou encore quadrillé or et couleur.

La première page nomme le donateur et date le manuscrit de l'an 1380 : nous sommes à la fin du xiv° siècle et l'aspect général est encore celui du commencement de cette période dans notre pays. L'Allemagne était donc en retard pour la peinture sur vélin. On lit tout autour du portrait en pied de l'archevêque, en gothique carrée et en or :

Cuno. de. falkenstein : archiepiscopus treuerensis. hunc. librum. . fieri. fecit. anno. domini. . millesimo. . CCC^{mo}. . octuagesimo. . die. octaua. . mensis. . maij. .

Le fond imite une tenture à fond d'or, fleurdelisée de blanc et rayée obliquement en bleu et en rouge. L'archevêque est assis sur deux aigles bistres et ses pieds posent sur deux lions fauves accroupis, au-dessus des deux écussons de la ville de Trèves et de ses armes personnelles (d'or, au chef de gueules), ressortant sur un sol vert. Il est vêtu pontificalement : son pallium blanc, à croix noires, tranche sur son ample chasuble bleue, qui recouvre une dalmatique rose ; ses gants sont blancs, comme sa mitre gemmée, à double orfroi en titre et en cercle avec un saphir rond à la pointe. Un velum blanc est suspendu à la naissance de la volute de sa crosse d'or tournée en dehors : il ne lui sert pas à envelopper sa main gauche pour tenir la hampe. Sa droite levée bénit à trois doigts. Ses cheveux sont longs et sa barbe courte : un collier noir, tissé de fleurons crucifères d'or, entoure son cou. Ses chaussures sont de couleur bistre.

Cette miniature, haute de 0, 22 et large de 0, 145, méritait d'être reproduite en raison de sa singularité, car il est rare de voir le donateur figuré autrement qu'en priant, attitude plus humble et plus digne en même temps. Cependant on pourrait y trouver cette excuse que l'évêque, bénissant le diacre qui va chanter l'évangile, est ai nsi paré et assis à son trône.

La première page montre les élus entrant au ciel et alors les anges font résonner, en signe de joie, les instruments les plus variés : tambourin, cornemuse, hautbois, double tympanon, guiterne, mandoline, trompette double, psaltérion, orgue portatif, triangle, harpe, flageolet, viole, clarinette, clochettes frappées, clochettes à main, vielle, guitare, busine.

A l'Annonciation, l'enfant Jésus, nu et nimbé, tenant une croix à la main, descend du ciel vers Marie, à la suite de la colombe divine qu'envoie le Père éternel.

La couverture de ce bel évangéliaire est en cuir gaufré, avec coins de cuivre découpé en trèfle. Elle doit dater du même temps que le manuscrit.

Le Trésor de Trèves.

PL. XVIII.

MINIATURE

XIVᵉ Siècle

XIX

MINIATURE DE LA PENTECOTE

Hauteur : o, 24 ; largeur : o, 15.

CATHÉDRALE. — XIVᵉ SIÈCLE

M. Lecoy de la Marche a divisé les manuscrits en deux catégories, suivant que leur style est hiératique ou naturaliste. La première période cesse vers le milieu du XIIIᵉ siècle : elle se plaît dans la convention et le symbolisme, les clercs exercent l'art. Dans la seconde période, on étudie de près la nature, et l'école de peinture est essentiellement laïque.

Ce système, car c'en est un, ne doit pas être pris à la lettre. A Trèves, il cesse complètement d'être vrai et le manuscrit que nous examinons le dément absolument. En effet, à part quelques velléités d'émancipation, comme le sol échancré que mettra en vogue Fra Angelico, et l'expression des figures, tout y est encore conventionnel et symbolique, gauche même, à croire que c'est un élève qui a peint les miniatures.

Voici en exemple la Pentecôte, miniature plus curieuse par son symbolisme que par son exécution. Le fond est or, bleu et rouge. Les apôtres sont réunis dans le Cénacle, grande salle, tapissée, festonnée au-dessous du plafond et située à l'étage supérieur : à l'extérieur, une série de merlons la protège, car on craint l'invasion des Juifs. Tous sont assis, pieds nus et nimbés d'or. Leurs têtes levées et leurs gestes variés dénotent à la fois l'étonnement et la joie. Au nombre de onze, quoique Judas fût déjà remplacé, ils ont, pour les présider, Marie, calme et voilée, les pieds chaussés de noir. Saint Pierre se tient à sa droite : on le reconnaît de suite à sa tête rasée, à sa couronne de cheveux, à sa figure ronde et à l'âge qui l'a blanchi.

Du ciel rose, étoilé en blanc et irradié, descend la colombe divine qui, en voltigeant, laisse échapper de son bec un double rayon de lumière qui s'arrête sur la tête de chacun des assistants. L'Eglise est établie à partir de ce jour et elle se divise en deux groupes : d'une part, les prêtres; et de l'autre les fidèles.

Tout, disent les Actes des apôtres, était, à l'origine, en commun : les biens se confondaient et l'apport du riche constituait la part du pauvre. Ainsi il était subvenu aux besoins matériels de chacun par une répartition égale. Le miniaturiste, pour mieux faire saisir l'idée de la scène qu'il a imaginée, a écrit au-dessous : *Communis vita.* Une vaste piscine rectangulaire, couleur de pierre, décorée d'une série d'arcades à son pourtour, est pleine d'eau; des pains ronds y surnagent. La foule s'empresse autour du bassin : jeunes et vieux, hommes et femmes, tête nue ou coiffée, y puisent à deux mains ou avec une écuelle. Quelques-uns attendent qu'ils puissent approcher, un plus avide prend un pain et s'apprête à boire; un pauvre semble solliciter qu'on vienne à son aide.

Le trop plein de la piscine est déversé au dehors par deux *busiaux*, où une femme et un homme cherchent à se désaltérer, et dans le ruisseau qui coule s'abreuve un chien.

Qu'on le remarque, l'eau de la piscine ressemble à du vin et le pain à des hosties rondes et blanches. Cette *communion*, résultat de la vie en commun, n'indiquerait-elle pas la participation au corps et au sang du Sauveur? Chacun y participe, suivant saint Paul, après s'être éprouvé et aussitôt il ajoute que, parmi les invités, il y en a d'indignes. Ces indignes ne seraient-ils pas symbolisés par ces deux personnes trop avides qui se contentent du dehors et ne se donnent pas la peine d'avancer jusqu'au bassin? Leur rapprochement du chien nous permet encore de conclure avec saint Jean : « Foris canes et venefici et impudici, » et avec saint Thomas d'Aquin, dans le *Lauda Sion :*

Ecce panis angelorum
Factus cibus viatorum,
Vere panis filiorum,
Non mittendus canibus.

Cette page iconographique, malgré son incorrection, a donc l'avantage de manifester le double résultat de la descente du Saint-Esprit sur l'Eglise naissante, à savoir la charité et la communion; dans l'ordre temporel, l'administration généreuse par la main des diacres du pain et du vin nécessaires à l'alimentation journalière; subsidiairement dans l'ordre spirituel, la participation au sacrement de l'Eucharistie, sous les espèces également du pain et du vin.

Le Trésor de Trèves.

PL. XIX.

MINIATURE

XIVᵉ Siécle

Imprimerie ....

XX

BRAS-RELIQUAIRE

Hauteur : o, 41 ; largeur du pied : o, 16.

CATHÉDRALE. — XIVᵉ et XVIᵉ SIÈCLES

La destination de ce reliquaire est attestée par une inscription moderne, gravée à la partie postérieure du bras :

DIVÆ ANNÆ
HOC BRACHIALE
ORNAMENTUM VEN.
ET GEN. DOM. CHRISTOPH
DE RINECK ECCLES.
TREVIR. DECAN.
SUO POSTULATO
ARGENTO FIERI
MANDAVIT PERFECTUM.

1531

De cette inscription il ressort que la relique est bien de sainte Anne et que le reliquaire a été *perfectionné*, c'est-à-dire achevé, complété à la demande et aux frais du vénérable et généreux Christophe, archicômte de Rineck, doyen de la cathédrale de Trèves. Une ancienne copie qui nous a été communiquée porte : « Venerabilis et generosus Dominus Christophorus archicomes de Rineck, Ecclesiæ Trevirensis decanus. » Or, son titre laïque a été omis dans la transcription de l'épigraphe et le titre ecclésiastique reste seul.

Du reliquaire primitif, attribuable au XIVᵉ siècle, le pied seul a été conservé ; tout ce qu'il supporte appartient à la restauration de l'an 1531 et est conçu dans le style flamboyant qui avait encore cours en Allemagne.

Ce soubassement est à la fois élégant et insolite ; gracieusement découpé à jour, il ne se présente jamais sous cette forme dans les bras-reliquaires qui, d'ordinaire, sont dépourvus de socle. En plan, il dessine un hexagone, chaque pan reproduisant le même type architectonique, à savoir : un fenestrage à cinq baies amorties en ogive tréflée, flanqué de deux épais contreforts terminés en clocheton, et dominé par un gâble dont les rampants sont hérissés de crochets serrés et qui, au sommet, s'épanouit en un bouquet de feuilles d'érable.

Le bras est rond, comme l'exigeait la nature : cependant la transition de l'hexagone au cylindre ne peut s'opérer qu'à l'aide d'arêtes qui s'éteignent graduellement. La liturgie dit expressément que Dieu, par amour pour ses saints, les orne d'un vêtement de gloire : « Amavit eum Dominus et ornavit eum, stolam gloriæ induit eum. » La robe d'honneur est ici exprimée par une double manche, l'une et l'autre galonnées à leurs extrémités d'une passementerie où des quatrefeuilles sont inscrits dans une série de losanges.

Au poignet s'ouvre une porte, fixée par deux charnières et décorée de deux accolades, comme si elle avait deux battants : une goupille, retenue par une chaînette, la maintient fermée. Par ce guichet on peut voir la relique renfermée dans le reliquaire, auquel elle a fait donner l'aspect d'un bras, parce qu'elle-même est un os de ce membre : telle fut la tradition constante du moyen âge qui, par l'aspect extérieur de l'enveloppe, permettait de reconnaître, à première vue, la partie du corps saint exposée à la vénération publique.

Comme la relique était double, une provenant du bras et l'autre de la main, une petite fenêtre a été pratiquée dans le pouce, ce qui dénote qu'à l'intérieur se conservait soit le pouce entier, soit seulement une de ses phalanges. La main est ouverte et se présente par la paume : l'index, en s'abaissant sur le pouce, le montre comme objectif de la dévotion.

Tout le reliquaire est en argent, travaillé au marteau et ciselé. Pour lui donner plus de relief, l'artiste a doré les saillies et les galons des manches. Ce ton jaune avive une surface blanche qui, sans cette précaution, risquerait d'être froide et monotone.

Au point de vue de l'art, l'objet est correct, mais un peu trop raide et guindé dans son ensemble. Soupçonnerait-on que la renaissance, si habile à modeler les chairs, a déjà fait son apparition en Europe ?

Le Trésor de Trèves.

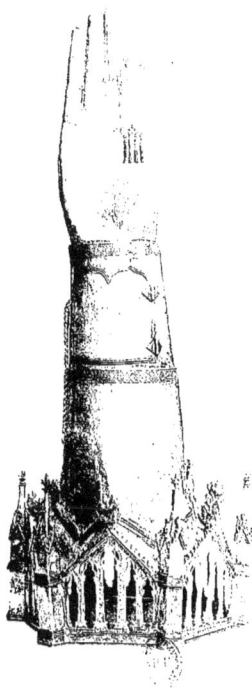

PL. XX.

BRAS RELIQUAIRE
XIV.e et XVI.e Siècle.

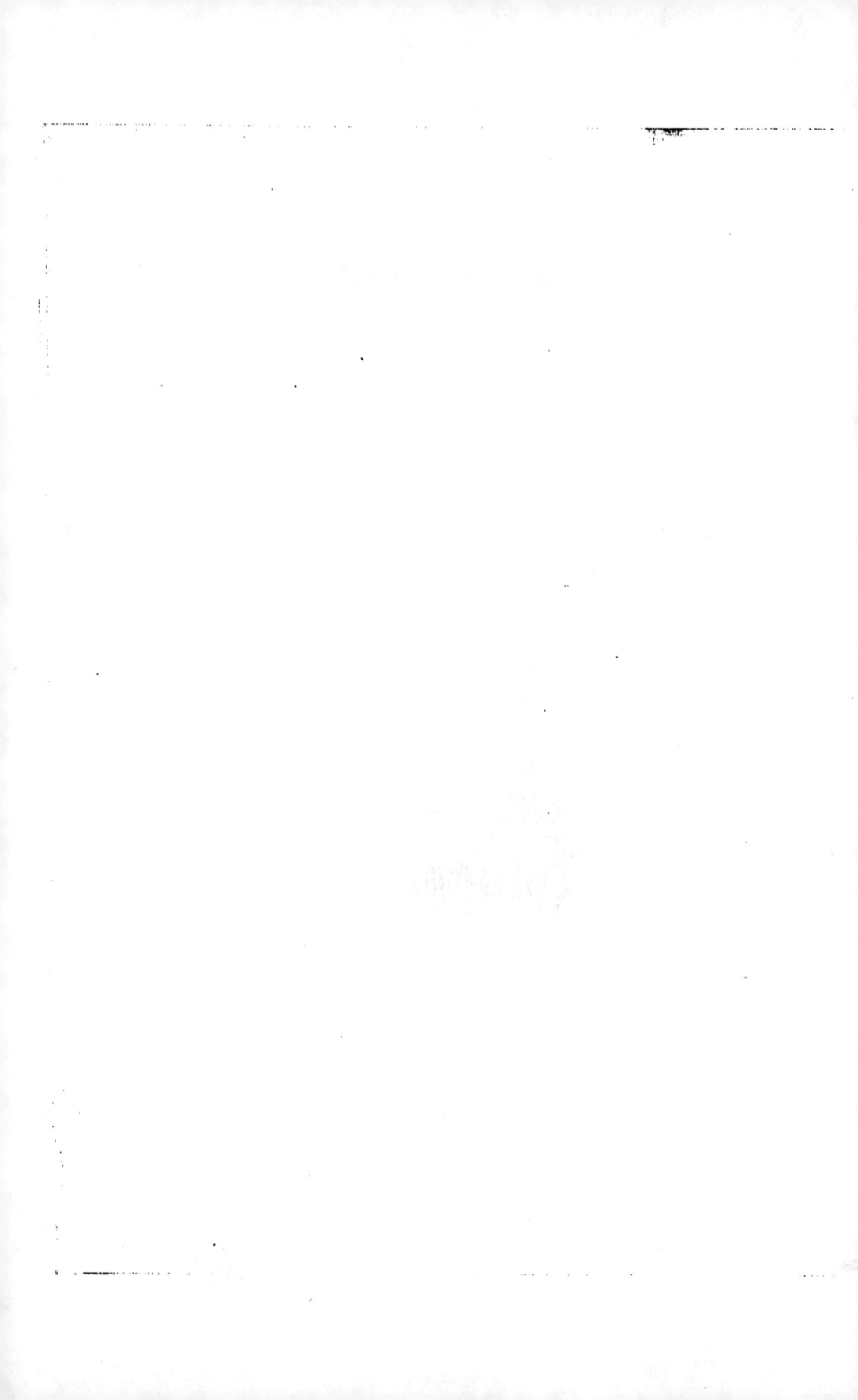

XXI

TABLEAU DE LA VRAIE CROIX

Hauteur : o, 735 ; largeur : o, 55 ; épaisseur ; o, o5.

ÉGLISE SAINT MATHIAS — XIIIᵉ SIÈCLE

Le tableau dans lequel est encadrée la vraie croix a une large bordure, où les plaques filigranées et gemmées alternent avec les plaques émaillées.

Les émaux champlevés, de l'école des bords de la Meuse, varient leurs dessins géométriques. Au nombre de dix, ils sont opposés deux à deux : des feuillages rompent la monotonie des lignes droites ou courbes, tracées par la règle et le compas. Les nuances sont au nombre de sept : blanc laiteux, rouge terreux, vert, jaune, jaune de brique, bleu lapis et bleu cendré. Malheureusement ces émaux sont de mauvaise qualité, pleins de bulles d'air qui ont crevé à la cuisson, médiocres comme composition et ternes comme aspect. Ils détonent véritablement au milieu de l'exubérant éclat qui les environne.

Les plaques filigranées exhibent un semis de cabochons et deux camées.

Le glacis qui rejoint le fond du tableau est découpé à jour. Dans son enchevêtrement de feuillages courants se mêlent, rampent, se poursuivent et s'attaquent, bondissent et volent, une foule d'animaux et d'oiseaux de toute sorte : lion, griffon, dont un encapuchonné, singe, sanglier, loup, renard, cerf, chien, bélier, chèvre, colombe, aigle, etc. C'est la nature tout entière qui exalte son auteur.

Une frise niellée nomme le donateur, et précise la date de la donation. Elle est fixée par de petits clous sur l'âme en bois du tableau, et un feuillage sépare presque constamment les caractères les uns des autres.

⊥ ANNO. AB. INCARNATIONE. DOMINI. MCCVII. HENRICVS.

6

AB. VLMENA. ATTVLIT. LIGNVM. SCE. CRVCIS. DE. CIVITATE.
CONSTANTINOPOLITANA. ET. HANC. PORTIONEM. ISTIVS. SACRI.
LIGNI ˙ECCLESIE. SANCTI. EVCHARII. CONTVLIT.

Ce texte est très important, par ce qu'il affirme et surtout par ce qu'il
ne dit pas. Henri d'Ulmen paraît n'avoir donné que la vraie croix, qui, suivant la tradition, proviendrait de la basilique de Sainte-Sophie. S'il eût fait
exécuter en même temps le tableau pour la contenir, l'inscription n'eût pas
omis de mentionner un don aussi précieux; de plus, ses armes y eussent été
inévitablement apposées et son effigie eût été ajoutée à celle des bienfaiteurs. La date de 1207 se rapporte donc exclusivement à l'acte même de
la donation, non à l'exécution du tableau, qui ne cadre pas avec ce millésime.
En effet, son style reporte plutôt vers le milieu du XIIIᵉ siècle, et, sous
ce rapport, nous sommes parfaitement à l'aise pour prendre nos coudées
franches, puisque l'abbé qui est figuré au revers ne mourut qu'en 1257. Mais
voici une autre preuve non moins décisive : cet abbé, nommé Jacques, ne fut
élu qu'en 1211, c'est-à-dire quatre ans après la donation.

La croix occupe en entier le champ du tableau, délimité par un bandeau
filigrané et gemmé. Elle est contournée de vingt locules carrés, circonscrits par
des bandes semblables à la précédente, mais plus étroites. Sous le cristal, taillé
en table, on distingue des suaires de soie ou de toile, et une étiquette en
parchemin désigne les reliques qui y sont enfermées.

Ces reliquaires, huit dans le haut, à droite et à gauche de la tête de
la croix, douze dans le bas, près de la tige, escortent la relique par excellence,
qui est la croix du Sauveur. Saint Paul l'avait dit dans une de ses épîtres :
« Les saints ont participé à la passion de leur maître, il est donc juste qu'ils soient
associés à son triomphe et à sa gloire. » Ici le symbolisme marche de pair avec
l'esthétique.

Didron avait bien raison, en faisant graver la face du tableau, de l'ac-
compagner de cette note enthousiaste : « Dites si vous connaissez une œuvre
d'orfèvrerie plus délicate, plus riche et plus belle, que cette table d'or, d'émail
et de pierreries ? » (Annal. arch., t. XIX, p. 226.) Non, certes, nous ne croyons
pas que l'art du XIIIᵉ siècle ait été poussé plus loin, et ait produit un monument plus véritablement beau dans son ensemble et ses détails.

LE TRÉSOR DE TRÈVES.

PL. XXI

TABLEAU DE LA VRAIE CROIX.

XIIIᵉ Siècle

REVERS DU TABLEAU

Une forte lame de cuivre, gravé et doré, d'un caractère magistral, fait le fond du tableau, auquel elle adhère par une série de petits clous à tête ronde. Si le tableau eût été, en toute circonstance, adossé à la muraille, l'artiste n'eût pas songé à lui faire un revers aussi riche que celui que nous admirons. A certains jours, le reliquaire était porté en procession et exposé sur le maître-autel, très certainement isolé : le tableau devait donc être vu et montré par ses deux faces. Comme il n'a pas de pied ou que, s'il y en avait un, ce que rend fort probable le tableau du Saint-Corporal, à Orvieto, il était alors mobile, deux anneaux, placés sur les côtés, nous indiquent le mode de fixation, à l'aide de courroies de cuir ou de cordons de soie, sur un brancard ou à l'autel.

Dès lors que le tableau comportait une décoration au revers, cette partie devait s'harmoniser, pour la composition, avec la partie antérieure, sous peine de rompre l'équilibre esthétique et de constituer une disparate choquante. L'artiste a compris la difficulté et il s'en est tiré habilement. Il est parti de cette idée, fournie par l'Evangile, que la croix reparaîtra au dernier jour pour être la règle d'après laquelle sera jugé le genre humain. La représentation du jugement dernier s'imposait donc pour ainsi dire comme suite de l'iconographie de la face principale ; on l'avait déjà, sous cette même forme, aux portails romans des cathédrales d'Angers, du Mans et de Chartres.

La plaque est composée d'une large zone, serrée entre deux bandeaux étroits, le tout historié. Une croix feuillagée, du style le plus gracieux et le plus souple, traverse la zone centrale : le milieu est coupé par un losange, sur chacun des côtés duquel se soude un disque. Le losange enveloppe le Christ comme une auréole : le champ en est étoilé, car il figure le ciel. Le Sauveur, pieds nus, avec le nimbe crucifère, deux signes distinctifs de la divinité, est assis sur un trône : sa main droite levée bénit à la manière latine, et sa gauche élève le globe du monde, marqué d'une croix, parce qu'il l'a racheté par sa mort.

Les quatre animaux prennent place dans les quatre médaillons, selon l'ordre rationnel : l'homme vis-à-vis l'aigle, et le lion en face du bœuf.

En haut, une arcature courante, en plein cintre, abrite sept saints : les trois premiers sont seuls nimbés, quoique tous aient leur nom précédé du qualificatif *sanctus* qui en est l'équivalent. Au milieu siège la Vierge, † SANCTA MARIA, qui tient à deux mains son fils bénissant sur son genou droit et de l'autre présente la pomme fatale dont, nouvelle Eve, elle annihile l'effet par le fruit de ses entrailles. A sa droite se succèdent saint Pierre, avec ses deux clefs symboliques et la croix de son martyre, † SCS. PETRVS; saint Valère, † SCS. VALERIVS; saint Nicolas, † SCS. NICOLAVS; à gauche, saint Jean l'Evangéliste, âgé, barbu et pieds nus, son évangile en main, † SCS. IOHANNES. EV; saint Materne, † SCS. MATER-NVS et saint Agricius, † SCS. AGRICIVS †. Tous ces évêques sont vêtus pontificalement, en chasuble, mitre et crosse tournée en dedans et munis du livre de la doctrine sainte qu'ils ont enseignée : saint Valère, saint Materne et saint Agricius ont occupé le siège de Trèves. Là est représenté le ciel des élus. Dans l'office des morts, à l'antienne de la communion, l'Eglise demande pour les défunts qu'ils jouissent avec les saints de la lumière éternelle : « Lux æterna luceat eis cum sanctis tuis in æternum. » Le rapprochement est encore plus évident quand on constate, sur le bandeau inférieur, le groupe des bienfaiteurs de l'abbaye. Huit arcades cintrées les abritent.

Saint Mathias, † SCS MATHIAS, nimbé, le livre de l'apostolat en main, se tourne, à droite, vers l'empereur Henri, † HENRIC. IMP*er*ATOR, couronné, qui offre sur un médaillon la représentation du château de Vilmon-sur-Lahn; suit la comtesse Jutta, † IVTTA COMITISSA, dont le médaillon porte le nom de lieu CVBES, qui constitue une autre propriété territoriale de l'abbaye; puis vient l'abbé Jacques, † IACOBVS. ABBAS, tête nue, en chasuble et crossé, descendant des ducs de Lorraine et dix-septième abbé de Saint-Mathias, de 1211 à 1257. A gauche de l'apôtre on voit saint Euchaire, † SCS EVCHARIVS, mitré, crossé et bénissant; saint Lutuin, évêque de Trèves à la fin du vii⁰ siècle, † SCS LVTVVINVS, mitré et en chasuble, qui offre sur un médaillon le territoire de STEM ; Everard, évêque mort en 1056, EVERHARDVS, mitré et crossé, qui présente comme don POLCHE et enfin le prieur Isenbard, † ISENBARDVS.PRIOR †, les deux mains enveloppées d'un linge par respect pour la vraie croix qu'il montre.

Le Trésor de Trèves.

PL. XXII

Tableau de la vraie Croix; Revers

XIIIᵉ Siècle

XXIII

CAMÉES ET INTAILLES

Le reliquaire de Saint-Mathias compte parmi ses ornements deux camées antiques et vingt-deux intailles.

Examinons d'abord les premiers. Celui placé au centre de la bordure supérieure figure, taillé dans une agate-onyx, un buste d'empereur romain, jeune, lauré, drapé et cuirassé, à gauche. Nous croyons y reconnaître les traits de Commode à l'âge de dix-neuf ou vingt ans. Un bronze de 175 après Jésus-Christ, gravé dans Cohen (t. III, p. 257, 2º édit.), peut servir à établir la ressemblance. Commode, à cette date, avait déjà reçu le titre de César depuis neuf ans.

Dans le camée inférieur on a voulu voir « Romulus apprivoisant l'aigle de Rome » (Didron, *Annales archéologiques*, t. XIX, p. 227). Nous pencherions plutôt pour Ganymède donnant à boire à l'aigle de Jupiter. Le costume qui rappelle celui de Pâris convient parfaitement au jeune prince troyen. Sardonyx à trois couches, malheureusement mutilée.

Une seule des intailles est remarquable par son exécution. Elle mesure dans son grand diamètre seize millimètres et représente un buste de femme diadémé, à droite. Du même côté, en demi-cercle, le mot grec ACATI, qu'il faut peut-être lire ITACA (pour Iθáκη), ce qui fait songer à l'île d'Ithaque. Quant à l'inscription CLAVDIA SANCTA, gravée sur deux lignes et qui remplit tout le champ d'un petit nicolo, elle rappelle le nom d'une dame romaine. Disons à ce sujet que *Sancta* est un *cognomen* connu dans les Gaules, particulièrement par les inscriptions de Périgueux.

Les autres intailles appartiennent toutes aux bas-temps et présentent un intérêt fort médiocre. En voici la description : 1º l'Abondance debout à gauche, tenant des épis et la corne d'Amalthée; 2º l'Équité debout à gauche, tenant une balance et un bouclier; 3º Vieillard assis auquel un homme debout apporte une couronne;

4° deux chevaux lancés au galop; 5° Mars debout à gauche; 6° Mercure debout à gauche; 7° guerrier debout appuyé sur sa lance; 8° dauphin enroulé autour d'un bâton; 9° une Victoire à droite; 10° enfant nu debout, tenant une coupe de la main droite; 11° guerrier armé de la lance et du bouclier, courant à droite; 12° deux mains croisées au-dessus d'un autel et surmontées d'un oiseau et d'une tête d'enfant. Au-dessous, deux cornes d'abondance; 13° une femme à droite occupée à ramasser des épis. Peut-être Cérès; 14° deux globes juxtaposés; 15° et 16° homme debout, casqué, lançant une flèche; 17° cheval marin monté par un triton; 18° un cavalier au repos; 19° une perdrix; 20° cheval au trot, sur la tête duquel est attachée une branche d'olivier.

—➤➤➤◉◈◈◈◈◈←—

Le Trésor de Trèves.

PL. XXIII

TABLEAU DE LA VRAIE CROIX; DÉTAIL
XIIIᵉ Siècle

XXIV

DÉTAIL DU TABLEAU

(L'ANGE THURIFÉRAIRE)

Nous avons cru indispensable, pour mieux faire saisir les détails multiples de cette orfèvrerie incomparable, de donner, de grandeur naturelle, un des coins du tableau, l'angle supérieur de droite relativement au spectateur.

Deux anges, en ronde-bosse, sont agenouillés aux extrémités des croisillons d'en haut : ils encensent la croix. Leur attitude dénote le respect profond et l'adoration qui sont dus au bois sacré, instrument de notre rédemption ; leur acte peut aussi s'interpréter dans le sens de la prière, puisque l'encens lui est comparé par la liturgie. L'artiste a donc exprimé de la sorte le culte spécial dont la vraie croix est l'objet dans l'Église catholique, c'est-à-dire l'adoration et l'invocation.

La croix, qui produit la vie, est entourée de feuillages. Les locules des saintes reliques ont aussi leur encadrement tapissé de feuilles et de fleurettes, car, selon la parole de la Sainte Écriture, les ossements des saints vivent dans l'éternité : « ossa eorum pullulant de loco suo » (Eccles., XLVI, 14).

Remarquez encore le perlé qui contourne la croix et les panneaux : c'est un fil qui a pour mission d'accuser les lignes principales du tableau en leur enlevant la sécheresse d'angles aigus.

Le filigrane a cessé, comme sur les couvertures d'évangéliaires, d'être un fil tordu à plat sur le fond qu'il embellit. Ici, il est plus serré encore : ses vrilles et ses feuilles plus rapprochées laissent moins d'ajours, et, pour lutter d'effet avec le repoussé, il s'enlève, s'arrondit, ce qui ne pouvait s'obtenir qu'à la fonte. Enfin, ses tiges se terminent en grappes de raisin.

Le moyen âge aimait la couleur et il la demandait à la fois aux émaux et aux gemmes. Le tableau est pour ainsi dire constellé de pierres précieuses et de perles : il y en a de toutes les tailles, depuis les grosses jusqu'aux petites. Nous en avons compté 405 ; dix-sept petites seulement font défaut. Elles sont ainsi réparties : douze à chaque angle ; onze dans les milieux latéraux du cadre, quatre fois répété ; quatre-vingt-dix-huit au pourtour et cent trente-deux pour la croix.

Les grosses pierres sont des cristaux de roche. Le cristal revient encore plusieurs fois, surtout de chaque côté des deux camées. Pour le reste ce sont des améthystes, rubis balais, saphirs, émeraudes, topazes, chrysolithes, grenats, plasmes, cornalines, chalcédoines, aigues-marines, opales, nicolo, cailloux du Rhin. La forme est très variable : ronde, ovale, oblongue, carrée, triangulaire, baroque ; quant à la taille, elle est toujours en cabochon, c'est-à-dire à surface arrondie.

La monture est une bâte à bords rabattus, quelquefois munie de quatre griffes tréflées, mais alors il s'agit d'une restauration faite au XIVe siècle.

Plusieurs pierres et perles sont percées, indice certain d'une destination différente à l'origine.

Toute l'armature du tableau est en cuivre estampé : seules les plaques filigranées sont en argent doré.

La tranche est également en cuivre, avec feuillages tréflés, enfermés dans une série d'arcades.

Le tableau est estimé 60,000 marks, soit 75,000 francs.

Le Trésor de Trèves.

PL. XXIV

Reliquaire de la vraie Croix; détail

XIIIe Siècle

DÉTAIL DU TABLEAU

(LA VRAIE CROIX)

Hauteur : o, 49 ; largeur du petit croisillon : o, 12 ; du grand : o, 28.

La forme de cette croix est celle que l'Orient a constamment donnée à la relique de l'instrument du salut, c'est-à-dire qu'elle est à double traverse ; l'une, plus large, représente l'endroit où le Christ étendit ses bras et l'autre rappelle le titre, légèrement développé. Son origine ressort donc de sa forme même, qui porte ainsi en elle un cachet indéniable d'authenticité.

En Occident, nous exposions volontiers la vraie croix dans un reliquaire de même forme. Le contenant indiquait aussitôt la nature du contenu. En Orient, on préféra la forme en tableau. C'est la plus ancienne et aussi la plus récente, comme en témoignent, pour le vi⁵ siècle, le reliquaire de Sainte-Croix de Poitiers, envoyé par l'Empereur Justin à Sainte-Radegonde, et, pour le xiv⁵, le charmant triptyque gravé dans les *Annales archéologiques*, t. II, p. 281 et qui appartient maintenant au curé de Coulanges (Nièvre).

Bien que le tableau dans lequel la vraie croix fut apportée n'existe plus, nous savons sa configuration par celui que possède l'église de Limbourg et qui provient de la cathédrale de Trèves. Même en le renouvelant, pour le mettre à la mode du jour, on tint à conserver l'aspect primitif : l'ornementation seule varia.

Par une intelligente précaution, le bois sacré ne fut pas fixé à demeure dans son cadre de métal, mais simplement encastré dans une cuvette creusée exprès au milieu du tableau. La face antérieure fut laissée à nu ; au commencement du xvii⁵ siècle, on trouva que c'était inconvenant et irrespectueux, et alors on se décida à la couvrir d'une feuille d'argent, gravée et rehaussée de gemmes, que des

7

goupilles maintinrent aux extrémités, mais de façon à pouvoir les enlever à volonté. ·

Sur le bois même, au point de jonction des traverses, pour les orner et consolider en même temps, on fixa deux cabochons, flanqués de pierres plus petites. La croix fut ensuite emprisonnée dans un réseau filigrané et gemmé, qu'enserra une seconde bordure extérieure faite au repoussé.

Le bois est d'une teinte claire : il semble, par ses veines serrées et presque droites, appartenir à la classe des conifères, qui est l'essence reconnue pour les reliques de ce genre. La croix est formée de huit morceaux, de deux centimètres d'épaisseur et d'inégale longueur. La surface est polie, comme une tablette menuisée.

Le revers de la croix a aussi son intérêt particulier. Les contours sont dessinés par un fil d'or, puis par une bande saillante et à jour, où des animaux et oiseaux de toute sorte jouent au milieu des feuillages. A l'intérieur court un élégant rinceau de filigrane d'or, qui a certainement sa signification symbolique. Dans les miniatures et les vitraux des xiie et xiiie siècles, la croix sur laquelle meurt le Sauveur est constamment verte et diaprée, suivant l'expression du blason. Ce n'est donc pas un bois mort, desséché, bon à jeter au feu, mais un bois plein de sève, de vigueur et de vie, qui se pare de verdure et d'une abondante frondaison. Le moyen âge l'avait, en conséquence, qualifié *arbre de vie*, parce qu'il est réellement vivant et qu'il rend la vie à l'humanité qui l'avait perdue par le péché. On peut dire de lui ce que saint Thomas disait du pain eucharistique : « Panis vivus, vitam præstans homini » et encore, avec le même poète théologien : « Mors est malis, vita bonis. » La vie n'est que pour les bons, les justes, les élus, et c'est la croix qui, au dernier jour, après les avoir jugés à sa mesure, les séparera des réprouvés pour qui elle est la mort éternelle.

Quel délicieux revêtement pour cette croix du Sauveur ! A la face antérieure, elle se montre radieuse, étincelante et brillante comme un trophée de victoire qui, lui aussi, participe aux honneurs de la résurrection et du triomphe : au revers, elle est tapissée d'une végétation qui atteste quel effet produit sa vertu dans le monde régénéré.

→»»»○«««←

LE TRÉSOR DE TRÈVES.

PL. XXV.

REVERS DE LA CROIX EN FILIGRANES

XIII.ᵉ Siècle.

XXVI

COUVERTURE DU LIBER AUREUS

Hauteur : 0, 39; largeur, 0, 27.

BIBLIOTHÈQUE. — XVᵉ SIÈCLE

~~~~~~~~~~~~~~ ~~~~~~~~~~~~

La couverture du *Livre d'or* est une belle pièce d'orfèvrerie, en style de la fin du xvᵉ siècle, c'est-à-dire en gothique de la décadence, pour lequel les Allemands semblent avoir eu une préférence marquée, à cause de ses enchevêtrements et ses découpures.

L'orfèvre, comme on l'a souvent pratiqué de son temps, a fait des oppositions de métaux. La plaque elle-même est en argent doré, ainsi que les fonds qui imitent des dossiers d'étoffe frangés; tandis que les bandeaux, les feuillages, les évangélistes (moins leur banderole), se détachent en argent. Pour les saints, les carnations sont aussi exprimées en blanc, mais tout le reste est doré : cheveux, mitre, châsse ou livre, manteau ou chape.

Quelque talent qu'ait déployé l'artiste dans sa composition savante, qui rivalise peut-être à tort avec la sculpture, car les genres ne doivent pas être confondus, tout l'intérêt se concentre sur le grand camée qui forme un joyau inappréciable au milieu de la couverture. Il ressort vivement dans son entourage de gemmes, qui comprend, outre quatre grosses émeraudes taillées en table, des rubis, des saphirs, des améthystes, des topazes, des grenats et encore d'autres émeraudes : toutes sont taillées en table et serties à quatre griffes. Les angles sont garnis de cabochons.

Cette plaque est datée, à la partie inférieure, de l'an 1499 et elle donne le nom de l'abbé qui l'a fait exécuter, Othon de Elten :

HANC TABVLAM
FIERI FECIT ABBAS
OTTO. DE. ELTEN A
NNO DNI Hᵒ. CCCC.
XCIX

La couverture est encadrée dans une bordure, à contours perlés, où des gemmes sont mêlées à des feuillages saillants et contournés, et divisée horizontalement en trois zones, chacune de trois compartiments. Chaque panneau est délimité par une petite bande feuillagée et gemmée.

Le moyen âge se préoccupait beaucoup de faire beau et riche. Pour cela, il ne craignait pas d'emprunter à l'antiquité ses camées et ses intailles : ordinairement, il les prisait pour la seule couleur ou leur vif éclat. Cela est si vrai qu'il les plaçait n'importe comment, de travers ou à rebours, sans tenir compte du sujet. D'autres fois, au contraire, le sujet lui plaisant et pouvant s'interpréter dans un sens chrétien, il n'en redoutait pas l'emploi et le mettait en évidence : un empereur devient alors le Christ et Jupiter avec son aigle se transforme en saint Jean l'Evangéliste (*Trésor de la cathédrale de Chartres*).

Une idée de ce genre a dû régler ici la composition, puisque le camée impérial forme le centre vers lequel convergent les évangélistes et les évêques, qui tiennent leur mission du Christ et qui, sans cette interprétation, seraient privés de Celui qui les inspire et les envoie par le monde.

Les évangélistes sont disposés en croix autour du camée : en haut, saint Jean, le plus sublime des quatre; en bas, saint Mathieu; à droite, saint Luc et à gauche, saint Marc. L'ordre traditionnel est interverti sur deux points, au détriment de saint Mathieu et de saint Marc, descendus à un rang inférieur. Comme l'a pratiqué le moyen âge allemand et ainsi que le faisait encore au xvᵉ siècle Fra Angelico en Italie, le type combine ensemble le personnage et son attribut, c'est-à-dire que sur un corps d'homme, vêtu et ailé, est implantée la tête de l'animal correspondant, aigle pour saint Jean, bœuf pour saint Luc, lion pour saint Marc, homme pour saint Mathieu. Et, afin qu'on ne se trompe pas sur leur identité, leur nom est inscrit en majuscules sur le phylactère qu'ils développent.

Les quatre angles sont occupés par quatre saints, abrités sous des dais en accolade festonnée. A droite et en haut, à la place d'honneur, l'apôtre saint Jean, S. IOHANES, et à gauche, saint Agricius, S. AGARICI*us*, au pied de qui est prosterné le donateur, chapé, son écusson, sommé de la crosse, lui faisant face.

En bas, à droite, S. Maximin, SI MAXMIN*us* (le graveur a eu une distraction en plaçant avant l'initiale M l'*i* qui ne devait venir qu'après l'X), qui nous intéresse particulièrement, en raison de son origine poitevine. Le dernier est saint Fibicius, S ETSICZI*us* dont le nom a été mal orthographié par le graveur. Les trois évêques de Trèves sont habillés pontificalement avec la chape, la crosse et la mitre.

LE TRÉSOR DE TRÈVES.

P.L. XXVI.

COUVERTURE DU LIBER AUREUS

XVᵉ Siècle.

Héliogravure P. Robert Imprimeur.

CAMÉE ANTIQUE

Hauteur : o, 10 ; largeur ; o, 13.

~~~~~~~~~~~~~~~~~~~~~~

Suivant la tradition, avant d'avoir été utilisée, au XVe. siècle, par l'abbé Othon de Elten, cette précieuse sardonyx à trois couches avait déjà pris place au centre d'une couverture en orfèvrerie dont une fille de Pépin le Bref, la pieuse Ada, s'était fait un bonheur d'enrichir, en 809, le riche évangéliaire nouvellement achevé pour l'abbaye de Saint-Maximin. Aussi les auteurs du *Voyage littéraire de deux bénédictins*, dom Martène et dom Durand (1724, in-4°, p. 290), suivis en cela par le *Magasin pittoresque* (1845, p. 297), ont-ils cru reconnaître dans les personnages représentés cinq membres de la famille de Charlemagne. Mais l'erreur est trop évidente pour avoir besoin d'être réfutée. Il en est de même à peu près de celle commise par A. Mongez, dans son explication des planches de Visconti (*Iconographie romaine*, t. II, p. 217). Nous ne sommes pas en présence d'un camée du 1er siècle et il ne saurait être question de l'empereur Claude, de sa quatrième femme Messaline, non plus que de ses enfants Octavie, Britannicus et Drusus.

L'œuvre appartient incontestablement aux bas temps, et c'est parmi les successeurs de Constantin que nous devons chercher les princes dont on a voulu conserver les traits. Du reste, l'attribution à Valentinien 1er que commande la comparaison de la principale figure avec un camée du cabinet de France (n° 257), résout toutes les difficultés. L'enfant placé à droite est alors le jeune Gratien que son père associa à l'empire dès l'âge de huit ans, en 367. La pierre qui nous occupe a dû même, très probablement, être gravée pour célébrer un pareil événement et c'est ce qui explique les deux aigles à fière tournure qui se voient en avant. Rien n'est plus naturel également que de trouver, à la droite de l'empereur, une femme de vingt ans environ, dans laquelle il faut reconnaître une fille de Constance II, Flavia Constantia, que Valentinien, malgré la différence d'âge, s'était empressé de fiancer à son fils. Quant à l'impératrice dont une fente de la pierre coupe malheureusement le cou en diagonale, elle ne saurait être autre que Justine, la seconde femme de Valentinien Ier et la mère du jeune prince placé entre elle et l'empereur. Ce dernier, à partir de l'année 375, régna conjointement avec son frère sous le nom de Valentinien II.

On le voit, l'intérêt présenté par ce camée est considérable et difficilement trouverait-on réunis un plus grand nombre de portraits historiques. Ajoutons que si le travail des figures est assez médiocre, celui des aigles au contraire ne laisse rien à désirer. L'un d'eux, à gauche, est posé de la même manière que sur la belle sardoine de la bibliothèque de Nancy, consacrée, on le sait, à l'apothéose de l'empereur Hadrien.

Le Trésor de Trèves.

PL. XXVII.

Camée Antique
IVᵉ Siécle.

XXVIII

MINIATURE DU LIBER AUREUS

BIBLIOTHÈQUE. — IXᵉ SIÈCLE

Le *Liber aureus*, écrit en lettres d'or à l'époque carlovingienne, présente deux groupes distincts de miniatures, les canons et les évangélistes.

La miniature que nous reproduisons ici donnera une idée exacte du talent de l'artiste. Qui en a vu une a vu les trois autres, de style identique.

L'évangéliste saint Luc est assis, non pas qu'il soit représenté en majesté, mais parce que sa mission a été d'écrire la vie du Sauveur. Ses pieds, chaussés de sandales à la manière antique, posent sur un vaste *scabellum*, adhérent au siège et décoré de rinceaux sur sa tranche. Le siège est un véritable trône, couleur rouge brique, gemmé aux montants et à la caisse, garni d'un coussin arrondi, avec une draperie violette jetée sur le dossier. Vêtu d'une robe où le cou est dégagé et d'un manteau négligemment posé sur l'épaule et ramené en avant, il tient, dans sa main droite levée, le stylet avec lequel il écrira sur le livre ouvert qu'il appuie contre sa poitrine. Sa figure est jeune et imberbe : un nimbe, plissé comme un éventail, entoure sa tête.

Deux colonnes, à fût d'agate et chapiteaux feuillus, supportent un cintre égayé de cinq imitations d'intailles antiques, deux sur fond bleu et les trois autres d'un ton rougeâtre. Aucun détail ne montre mieux que ces imitations le goût renaissant pour l'antique : on les retrouve aussi à la miniature de saint Marc. Toute l'architecture est de teinte cendrée, avec chapiteaux bleus et corniche verte.

De cette corniche s'élance le bœuf, les ailes déployées, les pattes en avant, comme s'il voulait gravir. Son pelage est blanc, son nimbe d'or ; la banderole qu'il déroule et ses cornes sont aussi or et brun.

De chaque côté de l'arcade, deux rinceaux affrontent deux canards roses, à pattes jaunes, têtes et ailes bleues.

Cette miniature atteste une main habile, qui a étudié à la fois les monuments et les statues. Si la figure est un peu petite pour le corps, en revanche, elle ne manque pas d'expression : la main aussi est trop forte, mais ces défauts sont compensés par une perspective qui s'essaie, l'harmonie des couleurs et l'intelligente combinaison des plis. La physionomie du bœuf est réellement vivante et sort de son caractère hiératique. Nous avons donc là un remarquable spécimen de l'art mosan et peut-être monastique, à l'époque carlovingienne, qui fut réellement une ère de progrès marqué sur la décadence des temps mérovingiens, en même temps que de haute culture intellectuelle, grâce à l'impulsion donnée par Charlemagne et Alcuin.

LE TRÉSOR DE TRÈVES.

PL. XXVIII.

MINIATURE DU LIBER AUREUS
IX.ᵉ Siècle.

XXIX

ÉVANGÉLIAIRE D'EGBERT

Nous serons très brefs sur cet admirable manuscrit, car, l'année dernière, il faisait l'objet, à Fribourg en Brisgau, de la part de l'éditeur Herder, d'une reproduction complète par la photographie, sous ce titre : « Picturæ codicis Egberti in bibliotheca publica Treverorum asservati, nunc primum publici juris factæ cura Francisci Xaverii Kraus. » Cependant, nous en donnerons la première page pour un double motif. Nous tenons d'abord à rendre cet hommage public au prélat qui a tant fait pour l'art, puis nous croyons qu'une comparaison avec la miniature de saint Grégoire est indispensable, parce que si celle-ci est attribuée avec vraisemblance à un artiste byzantin, celle-là ne peut être que l'œuvre distinguée (nous en convenons sans peine), mais inférieure, d'un artiste latin.

La bordure est pourpre, avec rehauts d'or : des têtes de lion, à face humaine, y mâchent des rinceaux qui, en s'enroulant, prennent la forme d'oiseaux allongés, dont le bec avide engoule les tiges ondulées.

Le champ du tableau est aussi teint en pourpre. Il nomme l'archevêque qui y est figuré : EGBerTUS. TREVERORum ARCHIEPiscopuS. C'est un véritable portrait.

Assis sur un siège d'or, où saillissent, aux extrémités, des têtes rugissantes et des griffes vigoureuses de lion, l'archevêque trône en majesté. Sa tête nue, car il n'avait évidemment pas l'usage de la mitre, porte une petite tonsure circulaire, semblable à celle que la tradition attribue à Simon le Magicien, en opposition à la tonsure d'origine apostolique, qui est beaucoup plus large et placée autrement. Un nimbe rectangulaire l'encadre : en iconographie, il ne s'accorde qu'aux vivants, parce que, dit Guillaume Durant, il est par ses quatre angles le symbole des quatre vertus cardinales, qui sont une préparation à la sainteté consommée, exprimée par

8

la rondeur du nimbe réservé aux saints. Le menton est sans barbe, non en signe de jeunesse, mais parce qu'il est rasé, suivant la coutume ecclésiastique du temps. L'œil est vif, plein d'énergie, dur même : on sent, à ce regard, l'homme élevé à la Cour et dont le commandement est prompt et impérieux. La chasuble, à plis singuliers qu'on retrouve à l'époque romane, surtout pour accuser la proéminence du ventre, est rose, couleur que l'Eglise n'a gardée que pour deux dimanches semi-joyeux de l'Avent et du Carême. Le pallium, de laine blanche, n'a pas de croix, fait insolite ; l'extrémité se replie sur le genou gauche. La dalmatique est jaune, autre couleur liturgique absolument tombée en désuétude et qui s'obtenait avec le *styrax*, d'où l'étoffe prenait son nom. La chaussure d'or est rehaussée de galons rouges.

De la main droite, Egbert donne un livre d'or à Kéraud, KERALDVS ; Héribert, HERIBerTVS, reçoit de même un autre livre. Tous les deux sont qualifiés d'Augia, célèbre monastère plus connu sous le vocable moderne de saint Georges d'Oberzell : AUGIGENSES est donc un nom de résidence. Leur tonsure indique des clercs, mais la dalmatique et la tunique dont ils sont parés dénotent leur ordre et leurs fonctions. Remplissant près du prélat l'office de diacre et de sous-diacre (car nous nous refusons à y voir deux moines calligraphes et miniaturistes), ils ont en conséquence comme attribut spécial l'évangéliaire et l'épistolier dont ils font la lecture solennelle aux jours des pontificaux. Leur attitude debout est celle, non de subalternes d'un rang trop inférieur, mais presque de familiers, comme étaient les chanoines. Leur petite taille cependant, en vertu de l'usage reçu, les montre, relativement à l'archevêque, qui est très grand, bien au-dessous de lui dans la hiérarchie sacrée.

Nous ne parlerons que de la miniature qui représente la Pentecôte, parce qu'il est curieux d'observer que son symbolisme s'est maintenu à Trèves jusqu'au XIVᵉ siècle dans l'évangéliaire de Cuno de Falkenstein. Saint Pierre préside la réunion des apôtres dans le Cénacle : il y en a douze, car Judas a été remplacé par saint Mathias, élu au sort. Le résultat final est la vie commune, *communis vita*, sous la forme d'une piscine octogonale, huit étant le nombre de la béatitude ; la vasque est remplie par le vin eucharistique, des hosties surnagent à la surface. Les nations, *gentes,* se précipitent vers cette piscine, qui sera à la fois leur ressource spirituelle et le gage de la félicité future.

Le Trésor de Trèves.

PL. XXIX.

MINIATURE

X.e Siècle.

MINIATURE DU REGISTRE

DE SAINT GRÉGOIRE

Hauteur : o, 27 ; largeur : o, 20.

BIBLIOTHÈQUE. — Xᵉ SIÈCLE

On a dit bien des fois que le xᵉ siècle fut pour les arts une époque de bar-
barie. L'autel portatif de la cathédrale a déjà énergiquement démenti cette assertion.
Voici une protestation plus éclatante encore, c'est la splendide miniature qui décore
la première page du registre des lettres du pape saint Grégoire le Grand.

Les lettres du titre sont en or, sur une ligne alternativement violette et verte.

La date est rigoureusement fixée par la préface en vers, où l'on voit le
volume dédié à saint Pierre et commandé par Egbert, qui siégea de 975 à 993,
sous le règne de l'empereur Othon; l'archevêque ne se contenta pas de le faire
écrire en lettres d'or sur vélin teint en pourpre, il voulut encore l'embellir d'une
couverture en or gemmé.

La miniature est à pleine page, dans des dimensions vraiment solennelles et en
rapport avec la haute dignité de l'illustre docteur que l'archevêque de Trèves entend
honorer. A l'arrière-plan se dresse en perspective un long et étroit bâtiment, couvert,
à la manière romaine, de tuiles plates avec des tuiles courbes aux points de jonction.
Le fronton est d'or, orné d'un fleuron au sommet. Une série de modillons soutient
la corniche. Une haute baie cintrée, inscrite dans un cadre rectangulaire, donne
accès au palais, dont le flanc est ajouré de fenêtres cintrées, avec le même encadrement au pourtour de la muraille. Toute l'architecture présente un ton rose. L'intérieur simule une succession de colonnes formant portique. Leurs chapiteaux à double
rang de feuilles s'alignent sous un tailloir commun, interrompu par les tringles de
fer qui sous-tendent les deux arcades en plein cintre sous lesquelles se tiennent le
pape et son secrétaire.

A l'entre-colonnement qui correspond à la porte d'entrée, un rideau est suspendu par des anneaux et noué vers le milieu; l'étoffe verte est lisérée de rose. Les colonnes sont jaunes et cannelées, en imitation de l'antique. Une draperie plus ample glisse de la tringle centrale sur le côté, et vient s'enrouler autour des colonnes de la seconde travée : cette draperie est blanche, avec une large bordure rose et verte, que termine une frange.

Le diacre Pierre, bien connu dans l'histoire, se tient en dehors, au premier entre-colonnement : assis sur un siège menuisé et à coussin, les pieds sur un esca- beau, il s'est levé, car son maître a cessé de dicter, et il veut en savoir la cause. Il est grand et mince, sa figure est fine et intelligente, le sommet de la tête est rasé. Chaussé de bottines, il est vêtu d'une longue soutane bleue ; de la main gauche il tient une tablette, à manche, qui devait être enduite de cire, et de la droite, le stylet, aiguisé en pointe d'un côté et de l'autre en grattoir, avec lequel il va percer la ten- ture qui le sépare du pape pour se rendre compte de ce temps d'arrêt. Le fait a été raconté par le diacre lui-même à un contemporain que citent les Bollandistes (t. II de Mars, p. 136). Saint Grégoire, désigné par son nom en lettres blanches, GREGORIUS PP, occupe l'arcade centrale, où pend par un crochet (l'*uncinus* des inventaires d'Anastase) une couronne à bandeau d'or gemmé et perlé. Sa tête allongée, pointue et rasée à l'occiput, est entourée d'un large nimbe d'or perlé à la circonférence. La figure est grave et sérieuse, le regard pénétrant, le menton rasé. Sur son épaule droite pose une colombe blanche qui lui souffle à l'oreille ce qu'il doit faire écrire. La chasuble bleue, à orfroi d'or très étroit, recouvre une dalmatique laticlavée en rouge ; le pallium tombant est blanc, à trois croix rouges. Les mules sont d'or. Le siège, garni d'un coussin vert et d'une housse rouge galonnée d'or, affecte la forme antique du pliant, avec têtes d'animaux aux bras et griffes aux pieds; il est muni en outre d'un marchepied, allégé par une arcature cintrée. Le pape tient de la main droite un livre fermé et de la gauche feuillette celui qui est ouvert sur son pupitre.

Nous n'hésitons pas à donner cette belle et suave composition comme l'œuvre d'un artiste de talent, singulièrement en avance sur son siècle. Egbert, en homme de goût, avait dû s'entourer de maîtres habiles, amenés peut-être de loin. Si les miniatures du *liber aureus* font pressentir celle-ci, il n'en est pas moins vrai que la cadette est supérieure à ses aînées et qu'à ce moment, pour arriver à cette per- fection, le concours d'un Byzantin ne paraît nullement improbable ; ou bien sur les bords de la Moselle s'était fondée une école qu'un artiste d'Orient avait pu seul porter à ce niveau élevé.

LE TRÉSOR DE TRÈVES.

PL. XXX.

MINIATURE DU REGISTRE DE S.ᵗ GRÉGOIRE

Xᵉ Siècle.

TABLE DES MATIÈRES

PARIS. — IMPRIMERIE G. ROUGIER ET Cⁱᵉ

1, rue Cassette, 1.

Paris. A. PICARD, rue Bonaparte, 82

MÉLANGES D'ART & D'ARCHÉOLOGIE

Directeur : LÉON PALUSTRE

Ancien directeur de la Société française d'Archéologie et du Bulletin monumental
Membre non résidant du Comité des Travaux historiques et scientifiques

————≫⊜≪(PREMIÈRE ANNÉE)⊜≫≪————

LE

TRÉSOR DE TRÈVES

PAR

LÉON PALUSTRE ET X. BARBIER DE MONTAULT

30 PLANCHES EN PHOTOTYPIE
PAR P. ALBERT-DUJARDIN

Imprimé avec les caractères Bibliophile de la fonderie A. SAINTIGNON

————

Chaque partie formera un album grand in-4° raisin sur vélin, contenant trente planches hors texte. . . . . Prix : 25 francs.

Quelques exemplaires d'amateur, sur Japon . . . . Prix : 50 francs.

L'ouvrage ne sera tiré qu'à 500 exemplaires. Aussitôt paru, le prix sera porté à 30 et 60 francs suivant les exemplaires.

La plupart des publications destinées à faire connaître les objets précieux conservés soit dans les établissements publics, soit dans les collections privées, atteignent un prix tellement élevé que bien peu de personnes peuvent se les procurer. En outre, quelle que soit l'habileté des artistes employés, on n'est jamais sûr de ce que l'on a sous les yeux; l'interprétation joue un trop grand rôle et les questions de date, aussi bien que celles d'origine, peuvent difficilement être résolues avec des documents insuffisants. Ce serait donc faire œuvre utile que d'entreprendre sur les mêmes matières une série d'albums — c'est le titre à peu près juste que l'on puisse donner à ce genre d'ouvrage — remarquables à la fois par un bon marché relatif et par la fidélité des reproductions. Chacun d'eux, précédé d'une introduction, comprendrait trente planches accompagnées d'autant de pages fournissant sur l'objet placé en regard toutes les explications désirables.

Comme début, M. Léon Palustre a fait choix du TRÉSOR de la cathédrale de TRÈVES, c'est-à-dire de l'ensemble le plus riche qui existe, sinon par le nombre au moins par le choix des pièces. A ce Trésor seront joints, d'une part, le reliquaire de la vraie croix, à l'église Saint-Mathias de la même ville, de l'autre, le *Codex Aureus* (couverture et miniatures), appartenant à la Bibliothèque municipale. Voici, du reste, la liste des objets figurés :

1. — Ivoire latin, V⁰ siècle, (Constantin apportant à sainte Hélène les reliques de la Passion).
2. — Étui du saint Clou, X⁰ siècle.
3. — Autel portatif, X⁰ siècle.
4. — Id. petit côté.
5. — Id. face postérieure.
6. — Ivoire byzantin, X⁰ siècle (la salutation angélique).
7. — Ivoire roman, XI⁰ siècle.
8. — Encensoir, XII⁰ siècle.
9. — Triptyque de saint André, XII⁰ siècle.
10. — Couverture d'évangéliaire, XII⁰ siècle.
11. — La Crucifixion, miniature du XII⁰ siècle.
12. — Couverture d'évangéliaire, XII⁰ siècle.
13. — Initiale de l'évangile Saint-Mathieu, miniature du XII⁰ siècle.
14. — Couverture d'évangéliaire, fin du XII⁰ siècle.
15. — Couverture d'évangéliaire, fin du XII⁰ siècle.
16. — Coffret oriental, XII⁰ siècle.
17. — Crosse, XIII⁰ siècle.
18. — Reliquaire aux porteurs, XIV⁰ siècle.
19. — La Pentecôte, miniature du XIV⁰ siècle.
20. — Bras reliquaire, XIV⁰ et XVI⁰ siècle.
21. — Reliquaire de la vraie Croix, à Saint-Mathias, face, XIII⁰ siècle.
22. — Id. revers.
23. — Id. détail, camée antique représentant l'empereur Commode.
24. — Id. détail, camée antique représentant Ganymède donnant à boire à Jupiter sous la forme d'un aigle.
25. — Id. détail, ange thuriféraire.
26. — Id. Revers de la Croix en filigranes.
27. — Couverture du Liber aureus.

28. — Camée antique (empereur romain entouré de sa famille).
29. — Miniature du IX⁰ siècle.
30. — Miniature du X⁰ siècle (tirée du Liber Egberti).

Ce premier album sera suivi d'un second sur les Trésors de Metz, de Nancy, de St-Hubert (Belgique) et de St-Orens d'Auch, d'un troisième sur l'orfèvrerie limousine, d'un quatrième sur le Trésor de Bari (Italie) etc., etc. La matière est considérable et il faudra de longues années pour épuiser tout ce qui mérite d'être reproduit.

Planches et descriptions sont déjà prêtes et si le chiffre des souscripteurs s'élève seulement à deux cents, le TRÉSOR DE TRÈVES pourra paraître en octobre prochain.

MELANGES D'ART ET D'ARCHEOLOGIE

I

LE TRÉSOR DE TRÈVES

PAR

Léon PALUSTRE et X. BARBIER DE MONTAULT

Je soussigné ....

demeurant à ....

déclare souscrire au TRÉSOR DE TRÈVES pour .... exemplaires sur velin à 25 francs, et pour .... exemplaires sur japon à 50 francs.

Signature : ....

Adresse ....

Adresser le présent bulletin à M. Léon PALUSTRE à Tours (Indre-et-Loire) ou à M. PICARD, libraire-éditeur, 82, rue Bonaparte, Paris.

Paris. — Imp. Albert-Dujardin, 89, boulevard Montparnasse.

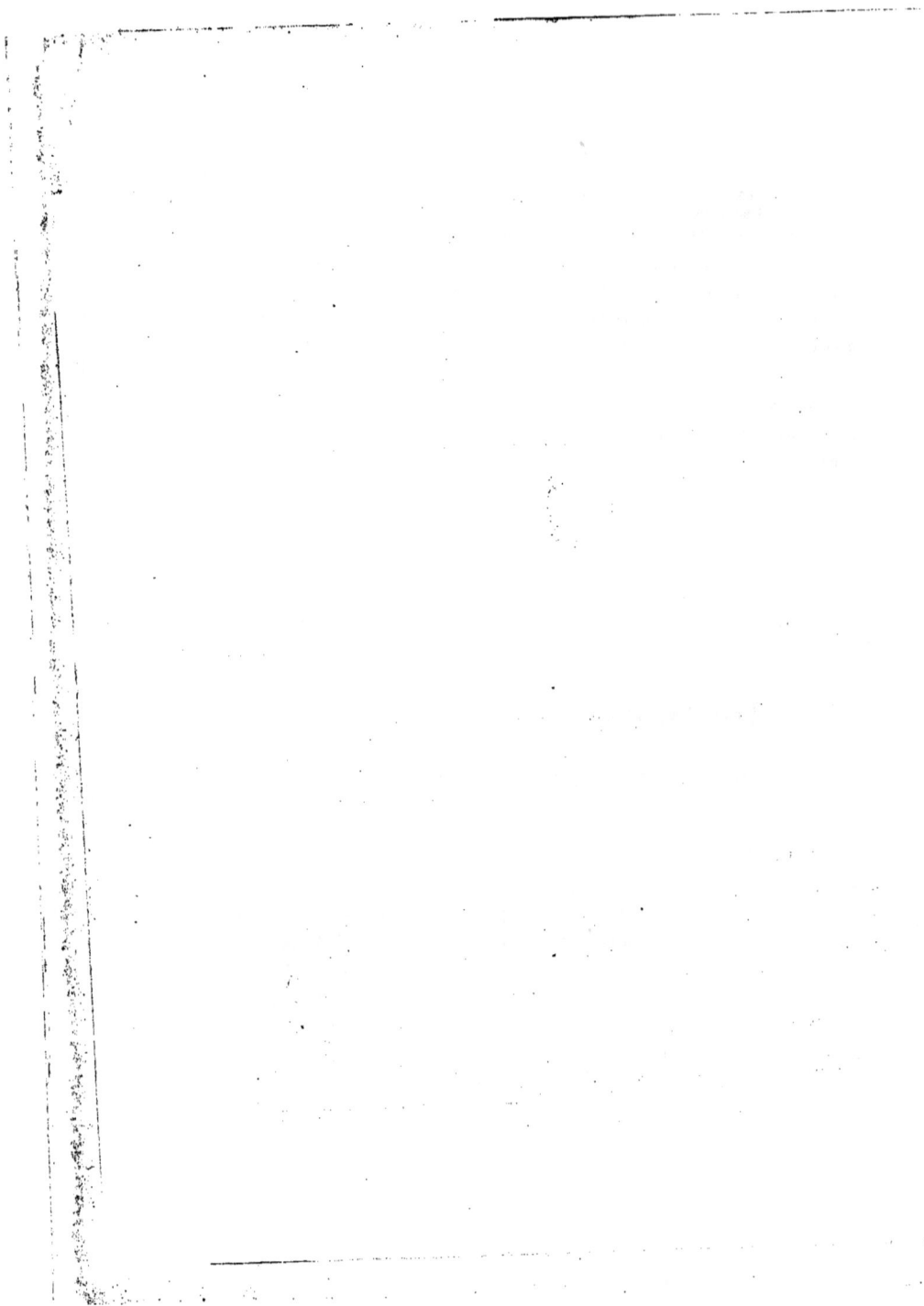

COUVERTURE D'ÉVANGÉLIAIRE

Hauteur 0, 26; largeur. 0, 18

CATHÉDRALE. — XII° SIÈCLE

Une large bande d'argent doré contourne la Crucifixion. Des plaques, filigranées et gemmées, y alternent avec des plaques émaillées. L'émail, champlevé, a été fabriqué sur les bords de la Moselle : il est toujours uni, sans nuances et ses quatre couleurs sont le bleu lapis, le bleu clair, le vert et le jaune. Il oppose quatre prophètes aux quatre évangélistes. De ces prophètes, deux seuls se reconnaissent à leurs attributs : ce sont Moïse et saint Jean-Baptiste. Les deux autres, placés en regard, déroulent un phylactère. Peut-être pourrait-on les désigner comme étant Isaïe et Jérémie, qui occupent le premier rang parmi les grands prophètes. Ils ont le nimbe de la sainteté : jaune, comme le sol qu'il foule, pour celui de droite, debout sur un fond bleu lapis ; foncé, également comme le sol, pour son vis-à-vis, qui se détache sur un fond bleu clair. Moïse ressort sur un champ vert, son nimbe est bleu, les deux tables de la Loi bleues aussi et le sol bleu lapis : son rouleau le classe parmi ceux qui ont annoncé la venue du Messie. Saint Jean, qui l'a montré, tend l'index et développe un phylactère. Son nimbe est vert et le champ de la plaque bleu lapis. Pieds nus, en raison de sa mission qui l'assimile aux apôtres, il est vêtu d'une peau de chameau et brandit de la main gauche le glaive de sa décollation.

Les symboles des évangélistes occupent les quatre angles de la couverture : il manque le lion de Saint Marc. Ailés, et figurés à mi-corps ils tiennent une tablette ou un phylactère. Le bœuf et l'aigle ont un nimbe bleu foncé, qui contraste avec le bleu clair du fond : il n'en est pas de même de l'ange, où les nuances se présentent en sens inverse.

Les plaques de joaillerie, offrent invariablement, sur un courant de filigranes dont les vrilles se terminent en tête de clou, un gros cabochon central, entouré de huit petits. Le montage est uniforme, c'est-à-dire en bâte à rebord dentelé. Le gros cabochon est généralement à arête et en cristal de roche. Les autres gemmes sont des plus variées : saphirs, rubis, rubis balais, émeraudes, plasmes d'émeraude. Quelques-uns des saphirs et des balais sont percés de part en part, ce qui témoigne qu'ils ont été autrefois enfilés et primitivement portés en collier. Un plasme d'émeraude, à section cylindrique, est également percé et, comme à Aix-la-Chapelle et à Cologne, un morceau de verre phénicien a été utilisé à titre de pierre précieuse ; enfin un des cristaux est moucheté de bleu.

Le nombre total des pierres est de soixante-douze, dont huit nicolos gravés en intailles. Tous appartiennent aux bas-temps et accusent un travail assez négligé. Le plus intéressant porte une inscription grecque : ΕΙΟ ΘΕΟΟ, εἷς θεός, un seul Dieu. Sur les autres, on voit deux hommes à tête d'âne qui se serrent la main, un gladiateur, un soldat armé de la lance et du bouclier, trois oiseaux et une plante marine.

Sur le panneau du milieu, dont l'encadrement au repoussé atteste le XII⁰ siècle, ont été appliqués trois morceaux d'ivoire, qui peuvent remonter jusqu'au XI⁰ siècle et proviennent d'ailleurs. Le Christ étend les bras horizontalement, un jupon couvre les reins, les pieds posent sur un support et les yeux sont vifs. A droite, Marie, la tête voilée, porte la main gauche à sa figure, comme si elle voulait essuyer des larmes. Saint Jean, de l'autre côté, soutient de la droite son menton : la physionomie est pensive. Les trois statuettes, élancées et sveltes, ont un certain cachet de dignité; elles appartiennent incontestablement à l'art latin.

Dans la composition première, l'idée d'une crucifixion est fort acceptable. On peut donc y voir comme thème général, la mort du Christ annoncée par les prophètes, se réalisant sur l'arbre de la croix et finalement promulguée par les évangélistes. Tout cela convient bien à un évangéliaire, qui consacre toutes ses pages à la glorification de l'Homme-Dieu.

LE TRESOR DE TREVES

PL. XII

COUVERTURE D'ÉVANGÉLIAIRE

Douzième siècle

www.ingramcontent.com/pod-product-compliance
Lightning Source LLC
Chambersburg PA
CBHW072120090426
42739CB00012B/3021